CHRISTIANE MICHELIN

O ABECEDÁRIO DE PAIS E FILHOS

Direção Editorial:
Carlos da Silva
Marcelo Araújo

Conselho Editorial:
Avelino Grassi
Roberto Girola

Capa:
Márcio Mathídios

Copidesque e Revisão:
Leila Cristina Dinis Fernandes

Diagramação:
Alex Luis Siqueira Santos

© Editora Ideias & Letras, 2020

4ª reimpressão

EDITORA
**IDEIAS &
LETRAS**

Rua Barão de Itapetininga, 274
República - São Paulo/SP
Cep: 01042-000 – (11) 3862-4831
Televendas: 0800 777 6004
vendas@ideiaseletras.com.br
www.ideiaseletras.com.br

Dados Internacionais de Catalogação na Publicação (CIP)
(Câmara Brasileira do Livro, SP, Brasil)

O abecedário de pais e filhos/
Christiane Michelin.
Aparecida, SP: Ideias & Letras, 2006

ISBN 85-98239-62-3

1. Crianças – Criação 2. Pais e filhos
3. Psicologia Infantil I. Título.

06-2430   CDD-649.1

Índice para catálogo sistemático:
1. Crianças: Criação: Vida familiar 649.1

SUMÁRIO

Apresentação...9
A
Adolescer..11
Afago em doses diárias..12
Amigos, amigos, negócios à parte................................13
Autopiedade...14

B
Babás e bebês...17
Bater ou não?...18

C
Chantagem...19

D
De quem é a festa?..21
Deficiências...22
Depressão infantil..23
Depressão pós-parto..24
Difícil decisão..26
Dislexia..27
Disputa...28
Dívidas a longo prazo..29
Dois pesos e duas medidas..30
Drogas..31

E
Educação..33
Eles são do contra...34
Emoções na balança..35
Encorajar, incentivar, estimular.............................36
Estresse infantil...37

F
Fé em família..39
Filhos adotivos..40
Filho criado, trabalho dobrado...............................41

G
Gagueira..43
Gangorra..44
Gol contra..45
Gravidez tardia..45

H
Hora e vez de o pai participar.................................49

I
Imagens refletidas...51
Inapetência..53
Intercâmbio...54
Inveja..56
Irresponsabilidade de adolescente?.........................57

J
Justo agora?..59

L
Longo ou curto – Com que roupa eu vou?............61

M
Medo...63
Multiplicar ou dividir?..64

N
Namoro..67
Nota 10...68

O
Onda gigante..71

P
Pais x Jogos eletrônicos.......................................73
Pais x Professores?..74
Perdas irreparáveis..75
Picadeiro..76
Por que tanto silêncio?.......................................77
Prática esportiva..78
Prevenir para não remediar................................79
Primeira paixão..80

Q
Que tribo é essa?...81
Quem casa quer casa..82

R
Receita de bolo..85
Rótulos e comparações.......................................86

S
Separação...89
Sexualidade..90

T
Timidez...91

U
Último trem..93

V
Vide bula..95

X
Xixi na cama..97
Z
Zás-trás...99

Nota da autora

Educadora há mais de 25 anos, tenho trabalhado com crianças e adolescentes das mais diferentes faixas etárias, raças, credos e classes sociais. Apesar de não ser mãe, sou filha, neta, sobrinha, tia, madrinha e afilhada, o que me capacita a escrever sem medo sobre a relação entre pais e filhos.

Para que pudesse, entretanto, discorrer sobre o tema com a profundidade e seriedade merecidas, apesar da maneira descontraída e prática de sua apresentação, dediquei-me a inúmeras pesquisas e entrevistas com psicoterapeutas, pedagogos, médicos e sexólogos, a fim de que o livro pudesse resultar em um compêndio sério e confiável sobre os assuntos aqui discutidos.

Busco, com o presente livro, incitar questionamentos, fazer alguns alertas e propor discussões a respeito de temas inerentes ao crescimento de todos, pais e filhos.

APRESENTAÇÃO

Pais e filhos, como entendê-los? Como desatar os nós que muitas vezes os entrelaçam? Essas são algumas das inúmeras colocações que Christiane Michelin apresenta, disseca, abrindo caminhos para possíveis soluções na convivência em família, sem perder, contudo, o sentido da responsabilidade que o tema envolve.

Todo esse painel de profundas indagações vamos encontrar numa linguagem acessível e elegante nesta nova obra da autora, intitulada *O Abecedário de Pais e Filhos*, que fecha a trilogia iniciada com *O Abecedário do Viajante*, seguida de *O Abecedário do Casal*.

A convivência com os jovens, ao longo de mais de 25 anos de exercício no magistério, deu-lhe um sólido embasamento para conhecer a fundo os problemas, as apreensões e dificuldades dos que transitam por essa radiosa, mas nem sempre compreendida, faixa etária da adolescência. Christiane Michelin, com sua sensibilidade educadora, teve sempre uma cuidadosa maneira de ouvir, conversar e orientar.

Christiane busca estabelecer um diálogo com o leitor como se estivesse conversando, compartilhando, dividindo inquietações e dúvidas na busca de um viver mais harmonioso e feliz.

A autora, sem se utilizar de fórmulas mágicas, aborda neste livro temas universais, que levam os leitores a uma reflexão sobre as relações entre pais e filhos de uma forma ampla e objetiva.

Fernando Magno
Escritor, poeta e membro da
Academia Petropolitana de Letras

A

Adolescer

A palavra "adolescer" vem do latim e significa crescer, engrossar, tornar-se maior. Vamos combinar, entretanto, que, até que isso aconteça plenamente, temos de abrir espaço para os verbos aborrecer, reclamar, questionar, hesitar, seguir e voltar, dentre tantos outros. São etapas que não podem ser queimadas. Fazem parte da evolução de cada um. O doutor Içami Tiba, especialista em adolescentes, cunhou uma frase das mais interessantes a respeito do assunto: "O adolescente é pequeno demais para grandes coisas e grande demais para pequenas coisas".

De repente, não são apenas as roupas que já não lhes servem, são os sentimentos, os exemplos e até os amigos. Os amigos de infância nem sempre nos seguem vida afora. Já os de adolescência, por compartilharem conosco momentos tão especiais e decisivos, mesmo que por um motivo ou por outro fisicamente distantes, serão lembrados para sempre, sendo responsáveis por recordações e vivências únicas. Com eles, são compartilhados os primeiros desejos que, geralmente, chegam com as primeiras dúvidas, os primeiros amores, as primeiras experiências. É importante, portanto, que os pais não se intrometam. É nessa fase que buscam encontrar seus semelhantes, pessoas com as quais tenham afinidades. Ficar cerceando a amizade com fulaninho, por causa de sua aparência meio esquisita, ou com beltraninha, baseado na conta bancária de seus pais, pode acabar gerando nos filhos não só uma grande frustração como também um sentimento de perda que vai acompanhá-los por muito tempo. As amizades entre adolescentes são muito mais intensas do que as que começam na idade adulta, quando já estamos cheios de preconceitos e armaduras. As desilusões, que acontecem justamente movidas por essa entrega, fazem parte do aprendizado. Na adolescência, tudo parece ser muito mais urgente e intenso. Não adianta querermos protegê-los contra tudo e contra todos, caso contrário, não criam seus próprios anticorpos.

Nessa fase, buscar manter a relação familiar cada vez mais próxima é um importante cuidado a ser tomado, já que, apesar de precisarem aprender com suas próprias perdas e frustrações, precisam igualmente de nosso apoio. Vale promover o diálogo, lembrando que discurso não é conversa. É necessário estarmos abertos a ouvir, incentivando-os a manifestar seus anseios e dúvidas. Se é previamente sabido por eles que na primeira tentativa de conversa serão expostos a um sermão, acabam afastando-se. Argumentar é sempre melhor do que impor, e conquistar a confiança de um filho adolescente é, certamente, uma das principais conquistas dos pais.

Afago em doses diárias

Tão importante quanto os fatores nutricionais relacionados à amamentação é o contato íntimo entre mãe e filho nesse momento. O que durante nove meses aconteceu naturalmente deve ser cultivado para sempre. Esse vínculo é de fundamental importância para o desenvolvimento de uma pessoa completa. Acarinhar um filho é uma dádiva e desfrutar do carinho dos pais, uma bênção. Quanto mais estreito o contato físico, mais recompensadora a relação.

Por mais que alguém possa julgar não ter nascido para a paternidade ou maternidade, é quase impossível não se derramar em amores tão logo tenha o rebento nos braços. Essa plenitude é recíproca e deixa-se gravar de maneira a nunca ser esquecida. Um afago sincero diz mais do que mil palavras. É o aconchego de que todos necessitam, seja nas horas de dor ou nas de partilhar alegrias.

Há quem sinta dificuldade em verbalizar; outros, em se permitir o calor de um abraço. Todas as formas de amar, entretanto, são válidas e exercitá-las é vivência das mais prazerosas. O que vale é buscar sua forma de demonstrar afeto.

Vez por outra, especialmente os meninos, na ânsia de se provarem crescidos, tendem a rejeitar o contato físico mais veemente: "Mãe! Que mico! Para de ficar me beijando assim na frente de meus amigos. Pô! Eles vão pensar que sou uma criancinha...". Desencane! Não há por que se sentir alvo de rejeição. É apenas uma fase passageira que, logo, logo, dará lugar a momentos de reciprocidade novamente. O importante é respeitar seus limites e suas necessidades, dando-lhes doses diárias de afago.

Amigos, amigos, negócios à parte

Essa máxima popular aplica-se tão bem aos negócios quanto às relações entre pais e filhos. Muito mais do que amigos, pais são pais, e é justamente isso o que seus filhos esperam. É certo que dividir segredinhos com a mãe ou ter a cumplicidade do pai é valioso, assim como ter os filhos como companheiros, seja em uma partida de futebol ou em uma ida ao *shopping*, seguida de um bom chá com bobagens. Mas não se pode negar que aquela velha história de estabelecer limites e delimitar fronteiras é uma das mais importantes. Em uma sala de aula, por mais que o professor seja bacana, moderno e boa praça, precisa impor respeito, caso contrário, o caldo desanda e tudo vira uma grande bagunça. O mesmo acontece entre pais e filhos. Hora de brincar é hora de brincar, mas a hora de falar a sério deve ser respeitada. Pais ou professores, e que isso esteja bem claro em nossas cabeças, não são apenas mais um amigo. É preciso que os filhos saibam que podem contar com o colo dos pais nos momentos de "tempestades e trovoadas", já que esses são, antes de mais nada, solidários, independente de concordarem ou não com as atitudes dos filhos. Isso não significa omitir opiniões, mas, sim, estar presente e de braços abertos para acolher.

Assim como árvores frondosas, os pais devem ser, por natureza, generosos em proteger, acolher e doar. E que assim seja.

Autopiedade

Marcinha sempre foi uma boa aluna, mas, de uma hora para outra, começou a inventar histórias para não ir ao colégio.

– Hoje eu acordei passando mal. Estou muito enjoada. Acho que comi alguma coisa estragada ontem. Não vou poder ir ao colégio.

Tão logo passada a hora fatídica, a menina recuperava a disposição e se colocava em frente à TV. O que teria acontecido? Algum problema de relacionamento na escola? Teria, realmente, acordado indisposta e melhorou? Ou será que, simplesmente, está tentando chamar a atenção dos pais? Talvez esteja carente de atenção. Sabe que, quando está adoentada, todos os cuidados se voltam para ela. Se já tentou chamar-lhes a atenção de outras formas e não obteve resposta, quem sabe assim não funcionaria?

E como deveriam agir os pais em uma situação dessas? Detectado o motivo, no caso um chamamento por mais atenção, vale colocar no colo e fazer carinhos, fingindo acreditar na história? É uma decisão bastante delicada, já que, dessa maneira, pode ficar explícito que toda vez que precisar de atenção basta despertar pena. O melhor a fazer é deixar que a situação nos sirva de alerta, para refletirmos sobre os motivos que estão levando a criança a agir daquela forma e tentar corrigir a situação em outro momento. A autopiedade é um sentimento que certamente não merece ser alimentado.

É comum, em nosso convívio em sala de aula, depararmo-nos com situações do tipo: "Não adianta! Isso é muito difícil. Eu não consigo fazer!". Essa é uma outra forma que as crianças têm de fazer uso da autopiedade em busca de ajuda para resolver determinada questão. Se nos deixarmos levar pela carinha de desespero e sucumbirmos a essa tentativa, estaremos assinando embaixo que a criança realmente não é capaz de resolver a questão por si mesma. O desafio, porém, é um aliado, e devemos, pais ou educadores, ajudá-los a transpor sozinhos essa barreira, com incentivo, mas não com peninha. O que buscamos com essa atitude é que filhos, alunos ou crianças abram espaços cada vez maiores em seus horizontes, adquirindo conhecimentos nas mais diversas disciplinas e atividades.

Nossa crença na capacidade de cada um lhes dará a confiança de que necessitam para subir mais um degrau com seus próprios pés.

B

Babás e bebês

Totalmente dependentes, os bebês não têm como se defender de possíveis maus-tratos, gerando seguidamente nos pais uma grande insegurança, especialmente quando precisam deixá-los aos cuidados de uma babá.

Para evitar qualquer tipo de aflição nutrida por sentimentos tortuosos em relação a quem cuida de seu bem maior, é importante que sejam tomados todos os cuidados possíveis antes da contratação de uma babá. Além de checar cuidadosamente todas as informações e referências dadas pela aspirante ao cargo, vale colocá-la em contato com a criança por um período probatório, antes que a mãe precise afastar-se de casa em horário integral.

Requisitos fundamentais para essa função são o carinho, a calma, a paciência e o equilíbrio emocional. O ideal é que seja criado, desde o início, um canal de franca comunicação entre mãe e babá, habituando-a a uma avaliação constante de seu trabalho. Se guardamos alguma insatisfação com um ou outro ponto, seja por dificuldade em expressar mais claramente nossos desejos ou orientações, seja por medo de algum tipo de represália tendo como alvo o bebê, corremos o risco de, em um momento qualquer, acabar explodindo. Guardar aborrecimentos pode gerar uma bola de neve prestes a rolar sobre nós a qualquer momento. Por isso, valorizar a comunicação, deixando claros os pontos que possam ser geradores de algum descontentamento, é uma alternativa válida quando buscamos construir uma relação saudável e confiável entre todos os envolvidos diretamente com o bebê.

Bater ou não?

Essa é certamente uma faca de dois gumes e um assunto que sempre gera polêmica. Além de trocar carinhos, colocar lacinhos e passear na praça, a relação pais e filhos passa por tarefas menos prazerosas, como mandar tomar banho, escovar os dentes, lavar as mãos, estudar e comer verduras. Muitas vezes, nessas horas, depois de um dia estafante no trabalho, eles decidem fazer birra. E aí? Será que uma boa palmada seria a solução? Muito cuidado nessa hora! Especialmente se você estiver de cabeça quente. Caso contrário, o tapa pode doer mais em você do que no filho. Vale lembrar, ainda, que agressão gera agressão. Você já reparou que, em uma discussão, tão logo um comece a elevar a voz, o outro imediatamente passa a falar mais alto e, no final das contas, vocês estão aos berros e nem por isso os problemas são resolvidos mais facilmente?

Outro problema a ser discutido é o fato de a palmada tornar-se um hábito. Vai agredir a quem der e a quem receber sem, entretanto, trazer nenhum resultado. Sabe quando você repete sempre uma mesma frase e ela acaba perdendo o efeito? Pois é... Partir para a agressão física ou verbal, mesmo um beliscão, pode ser considerado covardia, além de sinalizar falta de autoridade – batendo, você impõe sua força e não sua autoridade – como também incapacidade de dialogar. Uma boa conversa serve não apenas para buscar corrigir o que está fora de lugar como para compreender a razão daquele ato. Muitas vezes, a irritabilidade, a agressão e a teimosia de um filho podem estar escondendo um processo que somente se agravará com um tratamento agressivo. Vale respirar, contar até mil e tentar descobrir o porquê daquele comportamento para que você não venha a arrepender-se no futuro.

C

Chantagem

Quem nunca se pegou usando desse vil artifício? Pois é, as frases já chegam prontas: "Eu perdi noites de sono cuidando de você e é assim que você retribui todo o meu esforço? Abri mão de meu trabalho para acompanhar seu crescimento e é isso que recebo em troca?".

Cuidado! Das duas, uma: ou cedem à chantagem para, na primeira oportunidade, pagar a você na mesma moeda ou, aparentemente, dão de ombros, guardando, entretanto, enorme parcela de culpa que acabará por se refletir futuramente.

Será que já paramos para pensar que estamos copiando um modelo antigo de relacionamento? Fugir do que realmente possa estar gerando esse tipo de comportamento pode ser considerado, no mínimo, imaturidade, isso para não dizer covardia. Enfrentar as dificuldades, assim como transpor obstáculos, faz parte do crescimento de pais e filhos. O importante é não se deixar imobilizar diante das situações mais difíceis, escondendo-se atrás de "muletas".

É preciso encarar cada nova situação de frente. Não nos ajuda em nada passar atestado de incompetência diante da vida. Temer o novo é uma característica humana, mas submeter-se ao medo é outra história. Reagir diante de situações inesperadas – uma constante na vida de qualquer educador – é uma forma natural de defesa, mas esconder-se atrás de chantagens é deixar escapar a oportunidade de conhecer-se melhor, bem como a seus filhos, aprendendo dessa forma novas maneiras de conduzir a vida e, consequentemente, crescer. A superação de problemas conjuntamente confere a todos a sensação de vitória, cria laços cada vez mais estreitos de amor e confiança. Vale investir.

D

De quem é a festa?

Prestes a completar quatro anos, Pedrinho pediu aos pais uma festa de aniversário igual à do Marquinhos, seu primo, que tinha como tema um de seus personagens favoritos. Os pais não se conformavam em repetir a mesma decoração, ainda mais que muitos convidados seriam os mesmos. Para Pedrinho, nada disso fazia o menor sentido. Os pais, contudo, enrolaram daqui, enrolaram dali, e acabaram convencendo o menino a optar por uma outra história. Mais alguns anos se passaram e, ao completar 16 anos, Pedro decidiu dar uma festa no salão do edifício. Tão logo a ideia foi aceita pelos pais, começaram as discussões sobre os detalhes: Pedro queria uma noite absolutamente descontraída, de preferência só para os amigos. Tinha pensado em um luau. A mãe, para não perder o costume, havia imaginado uma outra festa...

Essa história se repete com muito mais frequência do que pensamos. Muitos pais, com a desculpa de estarem dando uma festa para os filhos, acabam por satisfazer a suas fantasias, frustrando completamente o sonho de suas crianças. Assim como no quesito festas, esse mesmo time tenta impor roupas e até amigos aos filhos. Buscam fazer deles cópias do que foram ou gostariam de ter sido, tolhendo por completo a criatividade e a necessidade de autoexpressão inerente a todos. Dessa forma, muitas vezes, geram crianças indecisas e fracas em seu poder de persuasão. Nem todas conseguem dar a volta por cima e, finalmente, impor suas vontades. Futuramente, quando adultos, terão uma enorme dificuldade em lidar com decisões e escolhas. Afinal, nunca tiveram a oportunidade de exercitar esses dons.

Nós, adultos, não podemos dizer que fizemos isso ou aquilo por culpa de fulano. Na verdade, quando isso acontece, é porque permitimos que o fulano tivesse essa ascendência sobre nós. Quando crianças, entretanto, fica muito mais difícil reagir a determinadas situações. Por mais que você ache horrível aquela roupa engomadinha e esteja sentindo-se um ET em meio aos amiguinhos de bermuda e camiseta, não possui muitas armas para lutar contra.

É, portanto, importante refletirmos sobre a quem realmente estamos tentando agradar. Afinal de contas, de quem é a festa?

Deficiências

Aqueles que, lá pelo final dos anos 80, passaram a ser conhecidos como portadores de necessidades especiais, os deficientes, buscam acima de tudo sua total inclusão na sociedade. Necessidades especiais todos nós temos. Quem não enxerga é cego, e não portador de alguma doença. Ele escuta, fala, anda e pensa como qualquer um de nós. Os surdos, na maioria das vezes, não são mudos e podem comunicar-se perfeitamente por meio de uma linguagem própria, além de possuírem capacidade de exercer qualquer função que não tenha a audição ou dicção como foco. O mesmo acontece com quem não tem um braço ou as pernas. O mais importante é que estejam integrados ao cotidiano de suas famílias e da sociedade da maneira mais natural possível. Se alguém não possui os dentes, o baço, os cabelos ou um dos rins não é tratado como portador de necessidades especiais, é?

Proporcionar a inclusão dos deficientes – e não deve haver problema, constrangimento ou preconceito algum envolvendo a palavra – há de ser a preocupação maior dos pais. Felizmente, nos dias que correm, há um enorme montante de possibilidades advindas da evolução científica que facilitam a vida dos que nasceram ou passaram a ter algum tipo de deficiência.

Segregar, esconder, envergonhar-se ou culpar-se pela deficiência de um filho é o mesmo que lhe negar a possibilidade de desfrutar de uma vida digna.

A sociedade, infelizmente, ainda não está suficientemente educada para compreender e facilitar a vida de quem lhes é diferente de alguma maneira – obesos, cegos ou paraplégicos são, muitas vezes, colocados no mesmo pacote e olhados com pena, desprezo ou curiosidade.

Em países mais desenvolvidos culturalmente já existem muitas facilidades que contribuem sobremaneira para a perfeita inserção de um deficiente na sociedade. Podem ir e vir, estudar e trabalhar sem problemas. A passos curtos, estamos caminhando nesse sentido. Cabe a nós, entretanto, lutar bravamente para que todos possam, um dia, desfrutar da mesma qualidade de vida, com direitos e deveres, respeitando-se a particularidade de cada cidadão.

Depressão infantil

Um número maior do que se possa imaginar de crianças em todo o mundo sofre de depressão. As causas podem ser tanto físicas, geradas por um desequilíbrio entre os neurotransmissores (substâncias que fazem a comunicação entre os neurônios), quanto outras tantas de ordem emocional, movidas por perdas importantes na família, separação dos pais, falta de atenção e pressão contínua por melhores notas, para citar apenas algumas.

Com sintomas variados e que se diferenciam daqueles manifestados na depressão em adultos, as crianças podem passar a sofrer de dores de cabeça, nas pernas, náuseas, vômitos, interesse por isolamento, insônia, choro, baixa concentração, fadiga, irritabilidade, rebeldia, tiques, medos, problemas de memória, perda ou ganho de peso acentuados, sentimento de rejeição e hipocondria, dentre outros, além de eventual tristeza.

O transtorno depressivo infantil compromete o desenvolvimento da criança e do adolescente e interfere no processo de maturidade psicológico-social.

Mostrar-se aborrecido diante do que antes lhe era prazeroso, como brincar e compartilhar de conversas com os amigos, assim como a diminuição de atenção com consequente perda no rendimento escolar são alguns sintomas que, muitas vezes, são mais facilmente detectados pelos professores do que pelos próprios pais. Vale sublinhar que, isolados, esses sintomas não são representativos de um quadro de depressão. O que os diferencia é a intensidade e a persistência, comprometendo de maneira clara as atividades cotidianas e o bem-estar da criança. Por isso, não há por que se alarmar se, vez ou outra, a criança parecer mais aborrecida ou irritada do que de costume.

Tão logo, entretanto, isso possa parecer-lhe uma constante, o melhor é buscar auxílio para que o problema seja identificado, aceitando o tratamento mais adequado para o diagnóstico feito, seja por meio de psicoterapia ou antidepressivos, dependendo da idade e necessidade. Isso será determinado por um profissional. Aos pais, cabe confiar e se fazer presentes por meio do amor, do carinho e da compreensão. Depressão não é frescura, é uma manifestação das mais sérias, que merece toda a nossa atenção.

Depressão pós-parto

A notícia da gravidez de Sílvia ecoou na família como uma verdadeira bênção. Filha, neta e sobrinha única, Sílvia trazia em seu ventre o primeiro herdeiro de todo o carinho e mimos dos Cruz e Silva. O parto foi cercado de ternura e atenções. Tão logo recebeu alta, Sílvia foi para casa, dispensando babás ou enfermeiras. Nos primeiros dias, Dona Lina, sua mãe, deu toda a assistência possível – foi responsável pelo primeiro banho, pela primeira troca de fraldas. Ao contrário do que todos esperavam, Sílvia, ao invés de logo retomar as rédeas de sua vida e assumir os cuidados com a filha, começou a agir de forma bastante inesperada. Chorava mais do que a recém-nascida e evitava tê-la em seus braços. Roberto, assim como o resto da família, não sabia como agir. A criança, de alguma forma, parecia ressentir-se dessa falta de contato. Não houve jeito de fazer com que Sílvia continuasse amamentando a pequena Luana. As visitas, tão bem-vindas nessas ocasiões, foram abolidas e, em um momento extremo, Sílvia jogou todas as lembrancinhas escolhidas com tanto zelo pela janela do quarto. Irritada, ansiosa e deprimida, Sílvia estava decididamente precisando de cuidados médicos. Tratava-se de uma depressão pós-parto. Mas como? Por quê?

A literatura sobre o assunto aponta que, entre alguns fatores, as grandes variações nos níveis de estrogênio e progesterona neste período podem ser uma das causas físicas, além de conflitos psicológicos em relação a si mesma como mãe, como filha e como companheira. Nesses casos, acrescentam, é importante deixar a paciente verbalizar seus sentimentos, deixando clara a normalidade de suas alterações, já que um grande número de mulheres são acometidas dessa síndrome que acaba por ser resolvida espontaneamente. Em alguns casos, entretanto, o quadro pode evoluir, resultando em sintomas mais persistentes, pedindo a interferência de psicólogos e psiquiatras, além do próprio ginecologista. Além da qualidade de vida da paciente, deve-se buscar prevenir distúrbios no desenvolvimento do bebê. As condições existentes e a vivência nas quais se dá a gravidez também podem influenciar a ocorrência de distúrbios de humor no pós-parto, além de gravidez em mulheres de baixa faixa etária. Seja qual for o motivo gerador desse distúrbio e sua intensidade, é importante termos em mente que culpa é uma palavra que deve ser abolida tanto da cabeça das mães, quanto dos familiares, caso contrário, os traumas futuros poderão ser ainda muito maiores. É necessário que haja a compreensão de que aquele caso não é único e que existem motivos, sejam físicos ou psicológicos, para estar acontecendo.

Difícil decisão

Comunicação? Letras? Medicina? Não! Engenharia. Ou, quem sabe, Direito. Ufa! Essa é uma escolha das mais complicadas para um adolescente entre 16 e 17 anos. Os pais, muitas vezes, até mesmo na ânsia de ajudar, tentam monitorar a questão a seu próprio contento.

–Já que estou querendo aposentar-me em breve, por que você não faz Direito e assume o escritório? Já teria a vida ganha desde o início...

–Ah! Essa vida de autônomo é muito difícil. Se eu fosse você optaria por um concurso no Estado.

–Artista? Você pensa que estrelar uma novela é fácil? Por que, ao invés disso, não tenta Administração, como seu tio? Ele pode lhe dar uma força.

Muita calma nessa hora! Não é bem assim que a banda toca! Estabilidade financeira não é tudo. É muito mais saudável viver por um tempo com parcas economias em busca de um ideal do que viver com o bolso cheio e o coração vazio.

Vocação não é, necessariamente, uma coisa que descobrimos no berço. Pode ficar camuflada por um bom tempo até que venha à tona. Por vezes, é preciso buscar aqui e ali até conseguirmos visualizar exatamente quais são nossos reais pendores. Sou testemunha de casos em que, por necessidade financeira ou por influência familiar, escritores, pintores e músicos estiveram presos a atividades totalmente opostas a seus verdadeiros talentos. Viviam uma vida estreita e medíocre, apesar da "'segurança" financeira, até decidirem romper com essa prisão para, finalmente, depois de anos, dedicarem-se à verdadeira felicidade.

O apoio e a compreensão dos pais é, portanto, a matéria-prima mais importante para a construção de um novo profissional que possa vir a exercitar seus dons com segurança e mestria.

Dislexia

Esse transtorno de aprendizagem na área da leitura, escrita e soletração é um distúrbio sutil que, entretanto, merece a atenção de pais e professores.

Vale deixar claro que cerca de 10 a 15% da população mundial é disléxica, como o ator americano Tom Cruise, o inventor Thomas Edson e o genial Walt Disney, provas de que a disfunção não implica em impossibilidade de sucesso futuro.

O transtorno não tem nenhuma relação com má alfabetização, desatenção ou falta de inteligência. É uma condição hereditária com alterações genéticas, ou seja, ninguém é culpado.

Os pais devem ficar atentos quando surgem dificuldades em aprender rimas ou canções, montar quebra-cabeças, copiar, manusear mapas, dicionários e listas telefônicas, por exemplo. As crianças com esses sintomas não são necessariamente disléxicas, porém, esses sinais, bem como a falta de interesse por livros, a confusão entre direita e esquerda e um vocabulário pobre podem ser um alerta para uma possível disfunção dessa ordem.

A dislexia pode gerar problemas como retração, timidez excessiva e até depressão; além disso, crianças disléxicas podem tornar-se alvo de brincadeiras indesejadas por parte dos colegas.

Inteligentes, sensíveis e criativas, as crianças com essa disfunção apresentam dificuldades em acompanhar o ritmo escolar, embora tenham grande desempenho em provas orais.

Tão logo detectado o problema, o diagnóstico deve ser feito por uma equipe multidisciplinar formada por psicólogos, fonoaudiólogos e psicopedagogos, já que os sintomas se confundem com os de uma série de outras possibilidades.

Nessa história, cabe aos pais e professores fortalecer o que os filhos e alunos apresentam de positivo, minimizando sempre o lado negativo da questão, por meio da compreensão e do carinho. Em sua batalha inicial para aprender de maneira convencional, a criança acaba por estimular ainda mais sua criatividade, bem como desenvolver habilidades que o ajudarão a lidar com os problemas futuros que todos nós acabamos por enfrentar em nosso dia a dia. Felizmente, todas as moedas têm dois lados. Depende de escolhermos o lado mais enriquecedor da vida.

Disputa

Disputa entre pais e filhos? Ah! Isso não existe! Vão dizer os mais incrédulos. Mas o pior é que existe e pode estar bem aí, debaixo de seu nariz, e você nem se dá conta.

Que o amor entre pais e filhos é inconteste, ninguém discute, mas não se pode esquecer de que pais e filhos são seres humanos, passíveis de todos os tipos de sentimento, inclusive aqueles que os levem a competir com os próprios filhos. Não chegaria a dizer que os pais desejem que seus filhos sejam menos bonitos, menos ricos, menos felizes. Não! Mas que muitas vezes o corpinho sarado da filha de 18 anos ou a namorada do filho de 23 causam certo desconforto aos pais de 40, 50 anos, isso pode sim ocorrer. Obviamente, há exceções a todas as regras, mas não há como negar que, muitas vezes, uma mãe jovem e cheia de vida possa pegar-se querendo resgatar o tempo que estava ali por perto e, de repente, sumiu.

E qual é o problema desse tipo de atitude? O que há de errado em uma mãe desejar manter-se jovem e bonita? Nenhum, desde que seja um sentimento trabalhado com a maturidade que os primeiros fios de cabelos brancos costumam trazer. Há de se ter limites. Tentar sair com a minissaia da filha, falando as gírias da hora e buscando enturmar-se com a galera, chamando mais atenção do que a filha na roda de amigos, não é, com certeza, uma atitude saudável. Pode deixar marcas profundas nessa relação e no desenvolvimento interpessoal da adolescente.

Quanto ao pai e à namorada do filho, vale o mesmo. Piadinhas de mau gosto, do tipo "uivos de lobo grisalho", não caem bem. Isso poderia criar uma situação bastante delicada entre pai, filho e futura nora, mesmo porque, na maioria das vezes, cão que muito ladra não morde. Lobo grisalho então...

Dívidas a longo prazo

Na busca de melhor educar, de transformar os filhos em cidadãos responsáveis e sabedores do real valor de cada coisa, muitos pais acabam cometendo exageros, transformando os filhos em seus eternos devedores. Esses crescem com o peso de uma dívida interminável, por conta do suposto grande esforço e sacrifício que seus pais tiveram de fazer para lhes dar estudo, roupas e alimentação.

Julgando estar desenvolvendo em seus filhos senso de responsabilidade, esses pais correm o risco de "errar na mão", privando os filhos de uma situação mais confortável desnecessariamente. Quando a dificuldade financeira é real, o quadro muda de figura: querer imputar à dificuldade maior valor do que o prazer de fazer alguma coisa em prol do futuro dos filhos é que fará toda a diferença.

Não é raro ouvir coisas como: "Eu dei muito duro na vida para conseguir chegar aonde estou; portanto, não vou dar moleza ao menino não, se não ele se acostuma com a boa vida e acaba virando vagabundo". O educador Jean Piaget, entretanto, deixou-nos uma frase lapidar que ensina que educar não é adestrar um animal. É formar um homem.

Vale, portanto, mais uma vez, fazer uso do bom senso e do equilíbrio para que, mesmo desfrutando de um merecido conforto, sem culpas, os filhos sejam capazes de crescer, tornando-se pessoas dignas e reconhecidas, mas jamais endividadas, credoras de seus pais.

De certa forma, pais que agem dessa maneira acabam por passar uma valorização exacerbada ao poder, ao *status* e ao sucesso material, em detrimento de outros valores muito mais importantes, criando, dessa forma, insegurança e constante ansiedade.

Deixar que os filhos desfrutem de seus direitos certamente facilitará que cumpram com seus deveres de uma maneira mais natural, porém, não menos responsável.

Dois pesos e duas medidas

Filhos serão sempre merecedores de toda a nossa atenção e preocupação, mesmo depois de criados. Mesmo depois de casados. Continuarão assim, ainda que se transformem em pais. Por conta disso, sempre que o calo aperta ou ronca a primeira trovoada, é justamente aos pais que recorrem. Tão logo o sol volte a brilhar, lá se vão eles, mais donos da verdade do que nunca. É assim, sempre foi e sempre será a relação entre pais e filhos já crescidos. O uso de dois pesos e duas medidas por parte dos filhos, entretanto, no mínimo, confunde os pais. Em um primeiro momento, a menina de vinte e poucos anos briga com o namorado e vai direto buscar consolo no aconchego da casa materna. Tão logo o casal se reconcilie, ela passa imediatamente a ser uma "mulher feita, dona de seu nariz", e qualquer conselho que venha a ser diferente do que deseja ouvir é rechaçado. O interesse dos pais por sua vida passa, de uma hora para outra, a ser "invasão de privacidade".

Tudo bem se essa pessoa "madura", de vinte e poucos anos, for capaz de, a partir de então, assumir dívidas, deveres e responsabilidades. Ficar entre a cruz e a espada é que não pode – com certeza essa não é uma atitude de quem clama por liberdade e se considera adulto e autossuficiente.

Se os filhos não conseguem enxergar essa ambiguidade, fica por conta dos pais a parte chata da história. Ser firme nessa hora é fundamental. É importante que fique claro que a vida é uma via de duas mãos. Para podermos colher o que de melhor ela tem a nos oferecer, precisamos estar disponíveis não só a receber consolo e carinho, mas igualmente a escutar, refletir e, por conta disso, amadurecer.

A tarefa não é tão simples como possa parecer, concordo, até porque se corre o risco de, mesmo sem querer, tentar impor sobre eles nossos sonhos e ideais de realização. Não podemos nos enxergar em nossos filhos, tampouco projetar neles nossas frustrações e medos. É preciso calma, discernimento, ponderação e certo distanciamento nessa hora, já que, como bem disse Khalil Gibran: "Vossos filhos não são vossos filhos. Vêm através de vós, mas não de vós. Embora vivam convosco, não vos pertencem".

Drogas

Maconha, cocaína e ecstasy são, talvez, o grande pesadelo da maioria dos pais. Mas e o álcool, o cigarro, os anabolizantes e as anfetaminas? "Lobos disfarçados em pele de cordeiro", essas drogas legais merecem igual atenção. Para começo de conversa, desesperar-se ou buscar culpados não levará ninguém a lugar algum. O ideal é que haja uma conversa franca, mostrando não apenas os perigos. É óbvio que, na maioria das vezes, são devastadoras e causam dependência. É certo que podem destruir não apenas os usuários, mas igualmente suas famílias. Ninguém pode negar, entretanto, que sejam geradoras de algum tipo de prazer. É esse o maior problema. Se fossem intoleráveis pela maioria das pessoas desde o primeiro contato ou se as primeiras sensações decorrentes de seu uso não fossem prazerosas, seria muito mais fácil evitá-las. O grande impasse é que, justamente ao contrário disso, mostram-se extremamente atraentes e cativantes. É importante, portanto, que as conversas entre pais e filhos a esse respeito sejam pautadas pela sinceridade. Dizer que causam asco ao primeiro contato e levam à loucura e à dependência desde a primeira vez não é uma boa tática. Como pretender que uma pessoa que sofra de diabetes mantenha-se afastada dos doces sob o argumento de que são amargos ou ruins? Cada vez que alguém por perto se deliciasse com um brigadeiro, estaria criando nela uma enorme descrença. A partir daí, todas as outras verdades relativas aos males que o açúcar lhe poderia causar seriam igualmente desacreditadas. Como dizer que o álcool é maléfico se, vez por outra, você degusta uma dose de uísque em ambiente de alegria e prazer? Parar de beber? Beber escondido dos filhos? Não se trata disso. O importante é fazê-los entender que, justamente por estimularem o prazer, essas doses são perigosas.

Vale, igualmente, antes de encarar uma conversa desse tipo, buscar informar-se a respeito do assunto, para que seu esclarecimento não seja superficial, falso ou "mentiroso", perdendo dessa forma toda a sua função.

Se, infelizmente, a questão já tiver tomado um rumo mais sério, a ajuda de profissionais torna-se da maior importância.

É fundamental, entretanto, que sentimentos como culpa, sabotagem e acusações sejam substituídos por carinho e compreensão. De certo, não é fácil agir dessa forma em determinados momentos, mas faz parte do processo de crescimento – alvo principal a ser atingido, quando nos deparamos com qualquer tipo de adversidade.

E

Educação

"Educar é a arte de se fazer presente", Cecília Meireles.

Rígida ou frouxa? Seguindo os moldes tradicionais e impondo regras severas ou soltando todas as amarras? Que tal abandonar os extremos, buscando trilhar o caminho do bom senso? Ajudar a crescer não é tarefa fácil, principalmente se procuramos fazê-lo seguindo a pauta dos "ismos" – psicologismos, modernismos, dentre outros tantos. É preciso estar aberto a reeducar-se a cada dia, acompanhando a evolução do mundo sem se deixar enredar nas tramas que vão surgindo. O melhor é permitir-se levar pelo coração. O amor é, certamente, o melhor professor. As relações, quando baseadas nos sentimentos verdadeiros, fluem como rios revolvendo o solo, tornando-o fértil à boa semente. A palavra, por sua vez, deve ser plantada com sabedoria e cuidado, para que germine e frutifique. O exemplo é a água de que necessitam os filhos para que floresçam.

Educar é, acima de tudo, guiar, sem, entretanto, manipular ou tolher. Há de se deixar espaço para que os perfis sejam traçados de acordo com as experiências adquiridas. Os gestos carregados de afeto falam por si. São capazes de exprimir os mais ricos e densos sentimentos, assim como o olhar.

Na convivência, as atribulações e os atritos são inevitáveis. No crescimento, as dúvidas e os questionamentos são saudáveis, mas, se o afeto estiver presente, a semente com certeza vingará.

Eles são do contra

– Parece mentira, mas basta eu dizer que gosto do azul para que ela prefira o verde. Nunca vi coisa igual. Acho que faz isso só para me provocar...

Grande engano dessa mãe. "Ser do contra" em determinado período da vida, mais precisamente na adolescência, corresponde à busca por identidade própria, autonomia, independência e liberdade. O adolescente pode até estar na dúvida de fazer isso ou aquilo, mas, a partir do momento em que os pais escolhem um caminho, especialmente se a escolha chega sob forma de imposição, ele imediatamente terá a dúvida sanada – certamente optará pelo oposto do que lhe buscaram impor.

Há uma necessidade latente por parte do jovem em mostrar que tem opinião, e as figuras de autoridade serão sempre alvos preferidos de contestação.

Todos passam por isso; portanto, há de se ter compreensão ao invés de tentar exercer opinião à força muitas vezes em assuntos sem nenhuma importância, gerando desgastes absolutamente desnecessários.

Se a questão persiste por muito tempo, das duas uma: ou você e seu filho definitivamente têm gostos e opiniões diametralmente opostos, ou isso pode ser um pedido de socorro por parte dele, uma necessidade de maior atenção.

Vale, ainda, uma última reflexão: ter opiniões diferentes das nossas é bem melhor do que não ter opinião. Além do mais, o que seria do azul se todos gostassem do verde, não é mesmo?

Emoções na balança

Zuleica não se cansa de repetir: "Minha filha teria tudo para ser uma verdadeira *top model* – rosto perfeito, ótima altura... Teria tudo, não fossem os quilos a mais que não consegue perder. Até parece que faz de propósito, só para me provocar". "Já a levei a nutricionistas, endocrinologistas, massagistas e nada. Passou as últimas férias em um spa e voltou dois quilos mais gorda. Onde foi que errei, meu Deus?", lamenta-se Zuleica. "Já a coloquei na natação, no balé, na ginástica olímpica, mas não se interessa por nada. Chegou ao cúmulo de matar a aula de ginástica para tomar sorvete com as amigas, pode?".

Pode! Talvez o sorvete esteja apenas substituindo outras coisas das quais realmente sinta falta. Será que ela tem mesmo aptidão para a dança? Quem sabe se ela pudesse escolher as atividades que realmente lhe dessem prazer, ela então responderia de maneira diferente? Além disso, se suas qualidades fossem valorizadas, ao invés de ouvir o dia inteiro que está gorda, provavelmente ela se sentisse mais motivada a emagrecer.

Uma boa conversa, um longo abraço ou um elogio podem saciar muito mais do que um cachorro-quente, um *milk shake* ou uma fatia de bolo.

Quando crianças e adultos sentem-se sós, inseguros, desamados e desinteressantes, têm muito mais facilidade em acumular peso. Prefeririam acumular afetos, certamente.

Vale, portanto, antes de criticar, brigar e policiar, refletir sobre os verdadeiros motivos que podem estar levando aquela pessoa a engordar. Mesmo porque quem falou em ser *top model* foi a mãe, não a filha. Possivelmente esse seja um sonho frustrado de dona Zuleica, que teme vê-lo esfumaçar-se mais uma vez. Sua filha, provavelmente, almeje coisas bem diferentes da vida, para as quais oito quilos a mais não são empecilhos.

Encorajar, incentivar, estimular

Maria nunca se sentia boa o suficiente para sua mãe. Dona Selma vivia reclamando da bagunça no quarto da filha, mas, quando ela se empenhava em arrumá-lo, jamais escutava uma palavra de estímulo em resposta. Ela fazia de tudo para agradar a mãe, para satisfazê-la, mas era difícil. Quando tentava chegar perto da cozinha para preparar alguma surpresa para os pais, a mãe logo reclamava: "Saia, menina! Assim você vai atrapalhar a Tina. Ela não está aqui para brincar, não".

Dona Selma era incapaz de ver o quanto frustrava sua filha com essa falta de incentivo e encorajamento.

É verdade que nem sempre é uma tarefa fácil essa de incentivar os filhos. Às vezes, é bem mais fácil fazermos por eles do que "perdermos" tempo deixando que façam por si mesmos. Agindo dessa forma, entretanto – assumindo suas atribuições –, fazemos com que percam a oportunidade de se tornarem responsáveis. É nosso dever permitir-lhes essa oportunidade.

A criança precisa não só experimentar fazer as tarefas como ser encorajada a cumprir essas tarefas com sucesso.

Na sala de aula, às vezes corremos o risco de incorrer nesses mesmos erros, tentando, por exemplo, responder pelos alunos mais lentos. Isso não os ajuda a aprender, ao contrário, estimula-os a se tornarem cada vez mais desatentos a suas respostas. Por outro lado, se incentivados a cada acerto, tendem a progredir muito mais rápido em seu aprendizado.

Da mesma forma acontece em casa. Nada mais prazeroso para uma criança que esteja buscando acertar do que se sentir recompensada emocionalmente por seu esforço.

Nosso comportamento e nossos comentários certamente contribuirão de forma decisiva com a construção da autoimagem que cada criança vai criando. Por isso, vale pensar duas vezes antes de desperdiçar a oportunidade de incentivá-las a crescer de uma maneira fértil e produtiva.

Estresse infantil

Vocês pensam que somente nós, adultos, sofremos de estresse? Ledo engano. Segundo especialistas, o estresse é uma reação do organismo a situações difíceis ou excitantes, independente de idade. Apesar de não se tratar de uma doença, pode acabar afetando o sistema imunológico, gerando, entre outras alterações, bronquite e obesidade, além de criar dificuldades na escola.

Situações marcantes, como a entrada ou a mudança de colégio, o divórcio dos pais e a possibilidade de uma repetência; e mais: o acúmulo de atividades, a cobrança contínua de bons resultados ou, até mesmo, notícias alarmantes como a possibilidade de uma guerra ou de desastres naturais; e, ainda, hospitalização, desejo de agradar e medo de punição divina podem abalar uma criança de tal forma a permitir que o estresse se manifeste.

Adquirir tiques nervosos, manifestar dores de barriga e de estômago, bem como choro contínuo e medo de se separar dos pais ou de ficar na escola são alguns dos sintomas do estresse infantil.

Assim como acontece com os adultos, as atividades físicas e o relaxamento são de grande ajuda, mas nada se pode comparar à paciência dos pais, à demonstração do prazer em estar com os filhos e à identificação e aceitação das causas geradoras do estresse.

Não é porque o filho está manifestando esse comportamento, entretanto, que se deve soltar totalmente todas as rédeas no que diz respeito à educação. Isso seria, inclusive, prejudicial, posto que poderia dar-lhes a sensação de abandono ou deixá-los sem parâmetros a seguir. A presença dos pais sublinhada por carinho e compreensão, mas também autoridade, delimitando fronteiras e ajudando a vencer obstáculos, é fundamental.

F

Fé em família

Vivenciar a fé em família, não importando o credo, é possibilitar aos filhos uma maior compreensão da vida, com suas limitações e dificuldades, mas também vitórias.

Imposições nesta ou em qualquer outra área, salvo raras exceções, nunca resultam em benefício algum. Todavia, abrir espaços e indicar direções por meio da crença familiar e da celebração de valores ajudam a dar equilíbrio e solidez ao caráter, bem como a clarear questionamentos que, por vezes, parecem indecifráveis.

Se por uma dificuldade qualquer as crianças veem seus pais desesperados e desesperançados, não sabendo o rumo a ser seguido, tampouco onde buscar ajuda para resolver suas questões, certamente se sentirão ainda mais inseguras e frágeis do que os mais velhos. Ao se depararem com seus próprios dilemas, possivelmente copiarão o modelo que lhes foi passado. Se, ao contrário, vivenciam a fé e a compreensão, testemunhando a busca por superação, certamente crescerão com o entendimento de que problemas existem para serem transpostos e que a maneira de encará-los é que fará toda a diferença. Terão a noção de que mais importante do que se sentir frágil diante da grandiosidade das pequenas coisas é fortalecer-se com elas.

Por meio da vivência cotidiana da fé, terão, sobretudo, a vivência diária do amor em sua forma mais sublime.

Filhos adotivos

"Filhos? Melhor não tê-los, mas, se não os temos, como sabê-lo?". O poeta Vinícius de Moraes tinha razão. Por um motivo ou por outro, alguns pais optam por vivenciar essa necessidade por meio da adoção. Vale aqui um aparte: segundo o juiz de menores Ciro Darlan, a adoção só deve ser incentivada quando o motivo real que leva alguém a fazê-lo seja unicamente a vontade de ter filhos. Buscar a adoção de uma criança por pena, caridade ou a fim de que esta ocupe o lugar de um outro filho não são motivos satisfatórios.

A partir do desejo real de ser pais, a adoção deve seguir alguns trâmites burocráticos. Cumpridas as etapas legais, e depois de uma espera que pode ir de 6 a 12 meses, chega a hora de receber a criança nos braços. Que seja bem-vinda.

A partir do momento em que entram em nossa vida, entram para valer e para sempre. A única diferença daí para frente é a genética, mas, ainda assim, dizem que a convivência cria semelhanças, inclusive físicas. Exageros à parte, acabam, no mínimo, assemelhando-se nos gestos e nas reações. O amor, o carinho e as preocupações são exatamente as mesmas dedicadas aos filhos naturais, assim como as alegrias e vitórias alcançadas.

A experiência de quem lida com o assunto nos ensina que não existe um momento mais adequado para se revelar ao filho sobre sua adoção. Quanto mais cedo se tocar no assunto, entretanto, mais facilmente será compreendido. Não há necessidade de se criar um momento formal e cheio de tensões para isso. O ideal é que a coisa vá desenvolvendo-se através de um processo natural, dia a dia. Todos têm o direito de conhecer sua história e o apoio dos pais adotivos é essencial para que isso aconteça sem traumas. O amor sempre será o melhor conselheiro e professor.

Filho criado, trabalho dobrado

Admitir que os filhos estão crescendo é, antes de mais nada, passar atestado de que você está envelhecendo. O que para muitas pessoas é sinal de amadurecimento e melhor compreensão das coisas, para outras é motivo de aflição e sofrimento. Por isso, dentre outras razões, muitos pais têm dificuldades em aceitar que os filhos não são mais crianças. Buscam, ainda, continuar a exercer seu autoritarismo, a fim de resgatar o passado, e ao mesmo tempo imaginam estar livrando-se das preocupações que chegam com a adolescência. Muitos filhos, por conta disso, anseiam por sair de casa tão logo lhes seja possível. Desejam experienciar a liberdade, conquistando autonomia e independência. Outros, apesar de seus vinte e muitos anos, preferem o controle de seus pais, mesmo que velado, a enfrentar a vida lá fora. Afinal de contas, não foram preparados para isso. Nenhuma das duas soluções, entretanto, soa como satisfatória. Pais e filhos deveriam dedicar-se à tarefa de encontrar juntos soluções conciliatórias já que, se optarem por sair ou por ficar, sem resolver de fato as questões que incomodam a ambos, carregarão consigo o peso dos mesmos conflitos, estando ou não em casa.

Felizmente, é cada vez maior o número de pais que decidiram pela maneira mais lógica e natural de lidar com os problemas advindos da adolescência; pais impulsionados, inclusive, pelo medo gerado pela violência nas grandes cidades. Até pouco tempo, era bastante raro que os pais, especialmente de meninas, deixassem-nas levar o namorado para casa e permitissem que ele passasse a noite por lá. Mas o medo da violência cada vez maior a que estariam submetidas, chegando em casa mais tarde, favoreceu esse tipo de decisão. Isso facilitaria a compreensão de que os filhos crescem e os pais precisam ir moldando-se às novas fases que vão se apresentando, sem que seus comportamentos sejam considerados velhos e ultrapassados.

G

Gagueira

Em tempos remotos, acreditava-se que a gagueira fosse resultado de um defeito dos órgãos da fala, e as crianças portadoras dessa desordem eram submetidas a cirurgias mutiladoras. Felizmente, essa alternativa foi há muito tempo abolida e ficou entendido que essa interrupção no fluxo da fala é absolutamente normal entre os três e quatro anos de idade – faz parte natural do processo de aquisição da linguagem.

Tornar-se ansioso, exigente ou agressivamente drástico, esperando que os filhos falem como adultos, são atitudes desfavoráveis ao desenvolvimento natural da fala. Geram tensão. Quando, nessa fase da vida, são demasiadamente corrigidas, as crianças acabam despertando para uma preocupação até então inexistente.

Vale, antes de mais nada, dar toda a atenção ao falar da criança. Ouvir com exclusividade o que ela tem a dizer, olhando em seu rosto, evita a tensão na busca de entendimento e estimula sua autoestima. Terminar a frase por elas, uma constante entre pais e professores ansiosos, deve ser evitado.

Se instalada a gagueira, entretanto, a primeira coisa a ser feita é procurar um fonoaudiólogo. Essa é uma desordem que apresenta cura, desde que tratada cedo e adequadamente.

Gangorra

A instabilidade emocional típica da adolescência decorre, dentre outros fatores, da contínua busca por emancipação. Deve ser compreendida e respeitada. Para cortarem de vez o cordão umbilical, precisam distanciar-se da forma como se relacionavam com os pais até então, exercitando, por conta própria, erros e acertos.

Durante esse processo, cheio de altos e baixos, surgem desafios, inquietudes, ambiguidades e flutuações de humor. Os adolescentes, muitas vezes, veem-se entre bonecas e namorados, carrinhos e pulsão sexual movida pela efervescência hormonal.

Nessa gangorra, o melhor é comentar sem criticar. Levá-los a pensar sem impor. Dar exemplos com sua própria conduta ajuda a manter as coisas um pouco mais no eixo, já que o jovem precisa de parâmetros, não de imposições.

Lembre-se de que já foi adolescente um dia. Tente resgatar e copiar apenas o que realmente funcionou em seu aprendizado. Não é porque seus pais foram, por exemplo, castradores, ou autoritários, que você deva agir da mesma forma. Não se meta, tampouco, em uma competição de gritos. Isso só leva ao desgaste.

Aos filhos adolescentes falta experiência. Precisam de padrões para crescer com segurança, equilibrando-se em uma verdadeira gangorra. Ainda não podem fazer o que os pais fazem, mas fazer o que faziam quando criança não tem mais sentido. Precisam colocar de um lado seus hábitos anteriores para, do outro, criar novos costumes.

Precisamos, igualmente, colocar nossos sentimentos e prioridades na gangorra, avaliando o que realmente merece nossa preocupação e interferência, usando a criatividade e a emoção em busca de soluções diferentes daquelas que não deram certo anteriormente. Não repita os mesmos erros. Busque nessa alternância entre os altos e baixos o caminho da sabedoria.

Gol contra

Roberto vive um eterno problema de descompasso familiar. Deseja liberdade para ir e vir, receber quem deseja, acordar a hora que bem entende, entrar e sair sem ser policiado. Afinal de contas, em sua matemática, já tem idade suficiente para isso. Ao completar 18 anos, decidiu que era dono de seu nariz e, portanto, não daria mais satisfações em casa. Por outro lado, todo final de mês estende a mão pontualmente à espera de sua polpuda mesada.

Mais uma vez é preciso que fique claro que os dois lados de uma mesma moeda têm o mesmo valor. Como clamar por liberdade e autossuficiência, se eles não têm condições de bancar suas decisões? Detestam deparar-se com frases do tipo "enquanto estiver sob meu teto, vai ter de seguir minhas regras", mas, para mudarem o placar desse jogo, precisam jogar de outra forma. É bom que saibam, a partir de então, que tudo na vida tem seu preço, que independência pressupõe capacidade de arcar com todo tipo de responsabilidade. Nenhum jogador pode vestir, ao mesmo tempo, a camisa de dois times. Ou você defende as cores de um time ou defende as de outro. Caso contrário, corre sérios riscos de marcar gol contra.

É função do árbitro do jogo, portanto, colocar ordem no campo. Ou os filhos seguem as regras da família ou devem partir em busca de sua verdadeira autossuficiência. Caso contrário, terão de aceitar cartões amarelos ou vermelhos sem reclamações.

Gravidez tardia

Nos dias que correm, em que as mulheres vêm priorizando cada vez mais sua vida profissional e, consequentemente, assumindo cargos de grande projeção, elas têm, em igual proporção, adiado a maternidade.

Não são raros os casos de mães de primeira viagem com mais de quarenta anos, o que, até há pouco tempo, seria absolutamente impensável.

Como tudo na vida, a gravidez tardia traz vantagens e desvantagens. Se, por um lado, a idade nos brinda com uma maior compreensão das coisas, por outro, corremos o risco de ser pais-avós, que, em busca de reparar o tempo perdido, não veem barreiras no que tange a satisfazer todos os desejos do recém-chegado. Antes que isso possa vir a acontecer, vale uma profunda reflexão para não corrermos o risco de transformar nossos filhos em crianças mimadas, em crianças incapazes de, futuramente, lidar com qualquer tipo de dificuldade ou perda.

Tanto a falta quanto o excesso de cuidados podem acabar gerando insegurança.

Se protegemos demais, acabamos não permitindo que fortaleçam suas asas e se ponham a voar na hora certa. O excesso de proteção pode gerar, igualmente, cobranças excessivas.

É importante que, ao invés de cobrar, estimulemos o raciocínio independente nos jovens. É preciso que deixemos que cresçam com espaço suficiente para falar, expressar seus sentimentos e dúvidas, questionar e refletir. Quando excedemos em nossos cuidados, acabamos afunilando suas perspectivas de um real crescimento.

É preciso permitir que eles descubram que errar também faz parte da caminhada e que, independente de seus erros, os aceitamos como são. É fundamental que aprendam a respeitar, igualmente, nossos espaços.

Se, com uma carreira em pleno crescimento, as mães optam por dedicar-se integralmente aos filhos, em algum momento, muito provavelmente, elas se frustrarão. Por mais que amem seus rebentos, estarão vivendo uma importante perda paralela, que pode acabar sendo refletida e sentida pelos filhos. Da mesma forma, muitas mães que decidem pela maternidade tardia, quando têm uma vida profissional em ascensão, se não param de trabalhar tendem a se culpar pela falta de tempo para se dedicar à criança.

Essa é uma equação que somente cada uma de nós será capaz de resolver, na medida em que cada coisa exerce uma força diferente para cada pessoa.

A única certeza é que os filhos não têm culpa das decisões que tomamos e, portanto, a partir do momento em que forem concebidos, merecem nossa total dedicação.

Se ainda não há espaço na vida, mesmo que o casal já esteja financeiramente estabelecido, profissionalmente realizado, mesmo que o corpo esteja alertando sobre o passar do tempo e a família ou os amigos não tenham desistido de questionar o porquê de não terem filhos, vale não se deixar levar por isso ou aquilo, a não ser por um profundo sentido de amor a ser compartilhado de maneira ímpar.

H

Hora e vez de o pai participar

Se gerar, parir e amamentar são tarefas unicamente femininas, existem outras tantas que podem e devem ser exercidas pelos pais. Foi-se o tempo em que homens se ocupavam exclusivamente de levar dinheiro para casa, enquanto às mulheres cabia lavar, passar, cozinhar e cuidar dos filhos. Eles, "pobres coitados", chegavam em casa extenuados, depois de um longo dia de trabalho, e esperavam encontrar as esposas lindas e perfumadas e seus bebês dormindo em berço esplêndido. Felizmente, as coisas mudaram de figura e, cada vez mais, os pais vêm participando ativamente da criação dos filhos e assumindo tarefas que eram, até então, exclusivas das mães. Muito mais do que trocar fraldas e levantar à noite para esquentar a mamadeira, os pais agora se ocupam em levar os filhos ao colégio, participam das reuniões escolares, levam ao médico, etc. O benefício decorrente dessa mudança contempla tanto os pais quanto os filhos, trazendo equilíbrio e satisfação e, em decorrência, influenciando positivamente a maneira de pais e filhos encararem o dia a dia. Os que se relacionam com plenitude apresentam menos ansiedade e irritação.

Falar de seus sentimentos, igualmente, até pouco tempo uma "tarefa" apenas materna, vem sendo cada vez mais vivenciado pelos pais, abrindo novos e prazerosos espaços em suas vidas.

É importante, contudo, que por conta disso as regras impostas não sejam esquecidas. Fazem parte da formação e não devem interferir no caminho a ser percorrido pelo afeto. Ao contrário, são dormentes do mesmo trilho.

I

Imagens refletidas

Ana Rosa sempre foi uma menina graciosa. Seus cabelos negros, encaracolados, emolduravam seu rosto brejeiro. Os olhos muito vivos desafiavam a monotonia de sua cidade natal. As faces sempre rosadas davam um toque de cor a seu rosto, fazendo-a parecer uma pintura renascentista. Rosinha, como era carinhosamente chamada pelos familiares, nunca recusava uma guloseima que lhe fosse oferecida. Quanto mais açucarados os bolos, mais a atraíam, assim como os brigadeiros, os pés de moleque, as jujubas.... Sua mãe temia que o que era um de seus charmes na infância – as bochechas e dobrinhas – pudesse vir a ser um problema no futuro, tratando-se do fato de vivermos em um mundo onde as mais esquálidas é que ditam as regras da moda.

Desde bem pequena, a menina acostumou-se a ouvir as advertências da mãe sublinhadas por frases impactantes, como: "Minha filha, você é tão bonitinha, mas, se não parar de comer doce, vai virar uma baleia", ou, "se você não se esforçar para emagrecer, nunca vai conseguir casar, vai ficar para titia", dentre outras "pérolas" do gênero.

Quanto mais a mãe a repreendia com esse tipo de "ameaça a seu futuro", mais ansiosa a menina ficava e mais comia. Com o passar dos anos, Rosinha foi espichando, crescendo e se apaixonando pela dança. Se precisasse abrir mão de todos os doces para se tornar uma verdadeira bailarina, seria capaz de fazê-lo. Tinha, de fato, um forte pendor para a dança e sua professora a incentivava a exercitar-se exaustivamente e a emagrecer cada vez mais. Render-se a uma fatia de bolo de chocolate era mostra de fraqueza e isso não era digno de alguém que almejasse o sucesso no palco. A carreira era árdua e exigia grandes sacrifícios. Tomar sol era proibido e namorar, naquele momento, não aconselhável. Disciplina rígida era a palavra de ordem na vida de Rosinha. Ela precisava dedicar-se de corpo e alma à dança. Sua mãe, se por um lado a incentivava a manter-se magra, por outro, preocupava-se com a rigidez em relação às outras questões. De qualquer forma, não havia como negar o talento da filha – era uma verdadeira bailarina.

Tão logo terminada a apresentação daquela noite, Ana Rosa foi acometida por um súbito e preocupante mal-estar. Desacordada, foi levada ao hospital e, ao ser examinada, os médicos concluíram tratar-se de anorexia. Falta de menstruação há mais de três meses, peso muito abaixo do normal para sua estatura, tonteiras e outros sintomas foram decisivos para que os médicos não tivessem dúvidas no diagnóstico.

Esse distúrbio alimentar acontece com uma frequência muito maior do que podemos imaginar. Trata-se de uma incapacidade de se ver como realmente se é. A obsessão por magreza e a distorção doentia do esquema corporal fazem com que a perda de peso seja vista como uma conquista notável e sinal de extraordinária disciplina pessoal, enquanto o ganho é percebido como um inaceitável fracasso do autocontrole.

A tal da ditadura da moda, estampando modelos magérrimas, influencia tanto o comportamento feminino que leva milhares de mulheres, especialmente adolescentes, a se guiarem por padrões extremados, muitas vezes só alcançados por medidas drásticas que podem, inclusive, levar à morte. Sem saber, muitas mães podem estar, de alguma forma, incentivando esse tipo de busca.

A maior preocupação dos pais deve ser com a saúde e não com padrões estéticos estabelecidos por interesses de outrem. Valorizar o estilo próprio de cada filho, ajudando-o a mostrar suas melhores qualidades, sejam elas físicas ou intelectuais, é a melhor maneira de evitar que vejam suas imagens de forma distorcida no espelho da vida.

Inapetência

Para começo de conversa, é preciso lembrar que crianças fofinhas e bochechudinhas nem sempre são as mais saudáveis. Problemas com taxas de colesterol, glicose e obesidade surgem na mais tenra idade. Por isso, tentar impingir comida às crianças, por julgarmos que estejam magrinhas, não é o melhor caminho.

Por outro lado, é compreensível que a inapetência dos filhos seja motivo de preocupação, mas, alto lá, tudo pode não passar de uma questão de matemática: quanto mais energia gastam, mais fome sentem. Se nas férias os pimpolhos ficam em casa assistindo à TV e jogando videogame o tempo todo, é justificável que comam menos do que no período letivo. A manutenção da disposição física, bem como o crescimento normal serão prova dessa equação.

Quando, entretanto, os pais se tornam por demais ansiosos, a hora da refeição pode transformar-se em uma tortura, e o que não era nada pode acabar alterando vários mecanismos na criança.

Que tal se sentar à mesa com seu filho – comer sozinho pode ser muito chato – e desfrutar dessa convivência sem pressões, deixando a refeição fluir normalmente, ainda que ele não raspe o prato? Não exagerar nos líquidos, principalmente próximo ao horário das refeições, pode ser uma outra boa alternativa. Os líquidos ocupam muito espaço. Pratos coloridos e um cardápio variado são, certamente, mais atraentes e alimentos ricos em zinco podem ajudar a acabar com a inapetência. As ostras – o alimento com maior quantidade de zinco – certamente estão fora do cardápio da grande maioria das crianças, mas carnes, iogurte, cereais, ovos e frutas oleaginosas são fontes bastante ricas.

Se nada disso adiantar, talvez seja aconselhável buscar respostas no comportamento da criança de uma forma geral. Talvez a inapetência seja apenas uma forma que ela encontrou de se fazer presente e de se sentir mais amada, já que o ato de alimentar corre paralelo ao de amar. Vale prestar atenção.

Intercâmbio

Natália era uma menina tímida, introspectiva e, consequentemente, pouco falante. Tinha um grupo restrito de amigos. Apesar de ter tentado adaptar-se às aulas de dança, teatro e música, preferia os livros e os DVDs. Era ótima aluna e tinha um dom especial para as línguas. Aos 16 anos, já havia concluído o curso de inglês com louvor.

Certo dia, sua amiga mais próxima apareceu com uma grande novidade – iria participar de um intercâmbio. Ficaria seis meses na casa de desconhecidos na Carolina do Norte. Natália ficou chocada com a notícia. Não conseguia imaginar-se longe de sua melhor amiga por tanto tempo. Tampouco, conseguia compreender a animação de Fabíola. Ficar longe de casa por tanto tempo, tendo de assumir sozinha sua vida, parecia-lhe assustador. O pior, entretanto, ainda estava por vir. Sua mãe achou a ideia ótima e, durante as semanas seguintes, não falaram de outro assunto em casa. Seus pais tentaram persuadi-la de todas as maneiras. Acreditavam que seria não apenas uma oportunidade de aprimorar seu inglês, mas, igualmente, de cultivar novos hábitos, vivenciar uma outra cultura e, sobretudo, conhecer pessoas diferentes. Sem que isso ficasse explícito, buscavam mais do que tudo quebrar a rotina da menina, dividida entre a escola, os livros e seu pequeno grupo de amizades, levando-a a sobreviver e a crescer longe da proteção que sentia junto ao que lhe era conhecido. Aos poucos, convenceram a menina a fazer alguns testes, apenas a título de curiosidade. Depois vieram outros e mais outros. Quando se deu conta, Natália já havia sido encaixada como hóspede na casa de uma família texana. Dividiria o quarto e a arrumação da casa com Sarah, sua "irmã" mais velha.

As notícias que chegavam por intermédio de sua amiga já integrada à nova família americana eram as melhores. Com o incentivo de todos, a menina acabou cedendo. Menos de um mês após sua partida, entretanto, Natália estava de volta.

O intercâmbio, sem dúvida, é uma oportunidade rara de desenvolvimento em todas as áreas, desde que aceito pelos filhos sem pressões. É uma decisão importante, geradora de mudanças radicais. Nem todo mundo está preparado para essa empreitada.

Forçar a barra em uma situação como essa pode criar um grande descompasso no processo de amadurecimento, ao contrário do que se espera, gerando uma expectativa negativa em relação à vida adulta.

Nem sempre os jovens estão prontos para assumir papéis tão radicalmente opostos àqueles com os quais estão acostumados.

Para muitos, e até para os próprios pais, essa experiência é, e pode ter sido, uma das mais enriquecedoras, mas isso não significa necessariamente o mesmo para seu filho naquele momento. Há de se respeitar as limitações e os desejos de cada um, especialmente tratando-se de uma mudança tão radical em suas vidas.

É até possível que se amadureça antes do tempo, geralmente por meio do sofrimento, mas, com certeza, não é a melhor maneira de crescer e, tampouco, o desejo dos pais a seus filhos. Por isso, seja cauteloso ao tentar fazer com que seus filhos vivam exatamente as mesmas experiências que foram boas para você ou para os amigos. Cada um merece ser respeitado em seu universo único.

Inveja

No dia de seu aniversário, Joana ganhou a boneca com que sempre sonhara. Ficou deslumbrada. Não se desgrudava da nova "amiguinha" por nada. Isso durou até o dia em que Celina, sua prima, ganhou uma boneca maior do que a dela. Bastou para que a velha companheira fosse deixada de lado. Tudo o que mais a menina desejava agora era uma boneca igual à de Celina, ou, talvez, a própria boneca de Celina. Pensando bem, na verdade, o que Joana queria mesmo é, além de ter uma boneca igual àquela, que a prima parasse de se mostrar tão feliz.

As crianças pequenas são, por natureza, egoístas. Não conseguem compreender o ponto de vista de mais ninguém além do próprio. Cabe aos pais quebrar esse paradigma.

Quando, ao contrário disso, os pais vivem alimentando sua própria inveja, esse comportamento acaba refletindo-se no de seus filhos.

Por vezes, sem que se deem conta, os pais passam erroneamente para seus filhos a mensagem de que o mérito das pessoas está no que elas têm e não no que elas são. É preciso termos muito cuidado com nossas mensagens, mesmo que subliminares.

Nem sempre, entretanto, são apenas bens materiais que despertam a inveja. O fato de o filho de sua melhor amiga ser mais alto, mais bonito, mais estudioso ou mais empenhado do que o seu também pode ser foco de muita inveja.

Esse tipo de atitude, além de afetar negativamente o fluir da vida dessa mãe, que se vê torturada na ânsia de transformar seu filho no filho da amiga, afeta igualmente a vida do filho, que passa a ser o alvo de sua insatisfação.

Com essas informações tão confusas lhes sendo transmitidas (mesmo quando não são transmitidas verbalmente, são de alguma maneira captadas), a visão da criança se turva em relação a suas qualidades e características próprias, gerando insatisfações e frustrações para consigo. Ao contrário, se dermos valor a nossos filhos, a despeito de serem altos ou baixos, gordos ou magros, mais ou menos inteligentes, eles passam a ter subsídios para se valorizarem, valorizando igualmente o que possuem.

Irresponsabilidade de adolescente?

Carlos é um quarentão moderno. Pai liberal, é considerado pelos amigos de Jorge, seu filho único, um verdadeiro garotão. Começou a ensinar o menino a dirigir assim que completou 12 anos. Aos 13, já deixava que Jorge tirasse o carro da garagem sozinho e a partir dos 15 começou a emprestar-lhe a chave do carro. Se alguém dizia alguma coisa contra, o pai rapidamente explicava: "O menino dirige muito bem. Melhor até do que a mãe que tem carteira há 20 anos. Carteira não prova nada. Eu mesmo tenho vários amigos que compraram suas carteiras".

É certo que nem sempre possuir uma carta de habilitação significa que a pessoa tenha destreza e prática ao volante. Por outro lado, é fato que um adolescente, por mais esperto que venha a ser, ainda não tem o domínio completo de suas emoções. Só o fato de estar transgredindo a lei de forma tão acintosa já pode ser o bastante para colocá-lo em uma situação de risco maior do que qualquer outro motorista devidamente habilitado.

Não bastasse a "lei de Murphy" — quando tudo o que pode dar errado acaba realmente dando errado —, um jovem de 15 anos ao volante seguramente se sentirá ameaçado com a primeira sirene que ouvir, mesmo que seja a da fábrica mais próxima avisando que é a hora do almoço.

Acidentes nessas condições podem não apenas servir de grande aborrecimento para todos, como, dependendo das circunstâncias, custar vidas.

Que os filhos aos 15 anos sejam irresponsáveis é compreensível — ainda terão muita estrada pela frente até que possam ser considerados adultos e maduros. Aos pais, cabe exatamente exercer a responsabilidade adquirida, buscando evitar acidentes de percurso que possam prejudicar a todos.

Não será agindo dessa forma, tentando ser mais um na turma, que os pais conseguirão aproximar-se ou ganhar a confiança e a amizade dos filhos. Ao contrário, o que os filhos precisam, e mesmo que inconscientemente buscam, são exemplos e parâmetros que os ajudem a crescer. É a certeza e o alívio de saber que os pais são pessoas responsáveis e conscientes do que é certo e errado e cuja principal função é servir-lhes de guia. Vale, então, que eles pensem duas vezes antes de agir como mais um adolescente em casa.

J

Justo agora?

Não se pode negar que, apesar de estarmos vivendo novos tempos, a gravidez antes do casamento é sempre um motivo de preocupação.

Gerar deveria ser, antes de mais nada, responsabilizar-se pelos que chegam por meio de nós. Mas como fazê-lo, se não somos ainda capazes de nos responsabilizar nem mesmo por nossos atos? Vamos combinar que a essa altura do campeonato, em pleno século 21, uma gravidez imprevista é, no mínimo, uma irresponsabilidade.

Teria sido falta de informação? É bastante improvável, já que o assunto é amplamente discutido nos meios de comunicação e até em salas de aula, mesmo que, por algum motivo, tenha havido uma lacuna na comunicação entre pais e filhos. Imaturidade? Talvez... Buscar motivos ou culpados, entretanto, não vai ajudar a resolver a questão. Afeto, carinho e cuidados são mais importantes nesse momento.

Viver é permitir-se transformações e isso pode gerar ansiedade e medo. É preciso coragem para mudar e adaptar-se a essa nova situação. A maternidade inesperada de uma filha não deve ser encarada como um drama, já que é um fato, e, sim, como uma nova proposta de crescimento para todos.

Somos não só o resultado do que nos ensinam nossos pais, do que aprendemos vida afora, mas, igualmente, da maneira como somos acolhidos desde o ventre. A busca por tranquilidade e estabilidade emocional há de ser valorizada e incentivada para que pais, filhos e netos cheguem fortalecidos ao final da estrada.

L

Longo ou curto – Com que roupa eu vou?

Não diria que os meninos, em sua totalidade, não têm vaidade, mas, comparados às meninas, perdem longe. A vaidade deles passa por perto da escolha de um boné mais transado ou, no máximo, de uma bermuda ou um tênis mais "irado". A das meninas, entretanto...

Posso apostar que toda mulher ainda se lembra bem das "profundas crises" vividas em sua adolescência; isso, quando por um motivo ou por outro, não temos recaídas tardias, tirando todas as roupas do armário, espalhando-as sobre a cama e constatando, mesmo diante de algumas peças ainda com etiqueta, que não temos roupa para sair.

Essa é uma atitude absolutamente comum em determinada faixa etária, quando as meninas estão em meio a inúmeras mudanças físicas e conturbações hormonais, e em busca de identidade própria. De uma hora para outra, o que lhes parecia perfeito passa a ser desastroso e, aí, começa o "drama". A busca por afirmação e aceitação por parte de seu grupo tem grande influência sobre essas crises de indumentária. Se vão apenas visitar os avós, tudo é bem mais fácil, mas se a questão é um cinema com a "galera" ou uma ida ao *shopping*, a coisa muda radicalmente de figura. Se o que estiver em pauta, então, for uma festa, ah, aí o caso é seriíssimo. Se for sua festa de 15 anos, então, socorro! Dependendo da moda vigente, as debutantes de hoje tanto podem rejeitar radicalmente qualquer tipo de comemoração mais formal, quanto sonhar com toda a pompa e circunstância a que têm direito, inclusive valsa e troca de figurino depois da meia-noite. A indecisão na escolha do vestido para a ocasião é crucial, compreensível. Não são mais crianças, tampouco adultas. Muitas buscam fendas e decotes em pretinhos nada básicos, levando as mães à loucura.

–Minha filha, assim você está parecendo uma mulher fatal, com vinte e poucos anos. Por que não aproveita para usar alguma coisa mais compatível com sua idade? Isso está muito vulgar!

–Ah! Não! Não vem não, mãe! Só falta você querer que eu use tule e babadinhos.

Depois de muita conversa, conseguem chegar mais ou menos a um termo comum. Uma semana antes da festa, Marcela decide provar o vestido e, de repente, já não sabe mais se é aquilo mesmo o que quer. Parece curto demais, justo demais...

Essa dúvida constante faz parte da busca por aceitação de sua própria imagem, que não para de mudar. As mães devem levar em consideração essa constante mutação interna e externa, lembrando-se, ainda, de que elas próprias muito possivelmente já tenham passado por situações semelhantes. Aos olhos já meio esquecidos, tudo pode não passar de fricote, frescura: "Se ela só tivesse uma roupa boa, não iria ter problemas. Usaria aquela mesmo e pronto. Acho que estou estragando essa menina...".

Calma! Não é nada disso! Tão logo a adolescente se sinta confortável em seu corpo de mulher, irá compreendendo aos poucos, através de suas vivências, irá buscar um estilo próprio que manifeste o que gosta e o que sente a despeito do que os outros pensem ou vistam. Dias de TPM à parte, será uma mulher capaz de fazer suas escolhas pela vida sem grandes problemas.

M

Medo

Patrícia é filha única e seus pais e avós sempre a trataram com todos os mimos "pertinentes" a essa condição. Jorge e Amélia são, entretanto, um casal jovem, e sempre que possível, nos finais de semana, saem em noitadas animadas com os amigos na cidade ou organizam pequenas viagens. Patrícia fica sempre na casa dos avós. Por mais que seja tratada com todo o carinho, ressente-se dessas separações dos pais, temendo que nunca mais voltem; que alguma coisa de terrível lhes aconteça e que, por conseguinte, tenha de ficar longe deles para sempre. Nesses momentos, bem que ela gostaria de ter um irmão com quem pudesse compartilhar seus medos.

Conviver com essa sensação iminente de perda e ameaça pode acabar por destruir a autoconfiança e as noções básicas de segurança inerentes às crianças. Isso pode levá-las a um persistente sentimento de apreensão e ansiedade, o que poderá prejudicar sua maneira de se relacionar com o mundo de uma forma geral, comprometendo sua postura em relação a novas situações.

Qualquer que seja o motivo que leve uma criança a ter medo, deve ser respeitado e tratado com seriedade. O que aos olhos de um adulto pode parecer uma grande bobagem, para uma criança, certamente, tem um significado muito maior.

Crianças são como esponjas, que absorvem o que veem, escutam, vivenciam ou até pressentem com grande intensidade. Por isso, todo o cuidado é pouco ao conversarmos perto delas sobre assuntos mais sérios, ou mesmo quando, inadvertidamente, nos manifestamos com exagero sobre determinada situação. Mesmo imaginando que estejam distraídas, brincando, elas estão captando tudo o que acontece a sua volta e digerindo da maneira que lhes é possível, criando, muitas vezes, fantasmas internos.

Pais medrosos, sem que se deem conta, acabam por passar sensações negativas aos filhos. Quem nunca viu uma criança cair na praça e, diante da reação da mãe assustada, abrir um berreiro? Por outro lado, certamente já testemunhamos crianças passando pela mesma situação, levantando em seguida e correndo novamente. Por mais que estejamos aflitos com determinada situação, passar confiança aos filhos é uma maneira de ensiná-los a ter confiança neles mesmos.

As crianças aprendem a lidar com o medo observando os adultos que as cercam a lidarem com o deles. Portanto, é nosso dever ajudá-las a lidar com seus problemas de uma forma mais leve e corajosa. É preciso, igualmente, que sintam que respeitamos seus temores e que podem contar conosco, independente de qual seja a situação.

Multiplicar ou dividir?

Todos os que não são filhos únicos provavelmente já se depararam com a sensação de que os pais gostem mais de um de seus irmãos do que deles.

Sentir-se preterido, por certo, mesmo que apenas na imaginação, é no mínimo desconfortável. O amor dos pais, até que se prove o contrário, é equânime. Não há como amar mais a um do que a outro filho, apesar de, por vezes, as afinidades com um serem maiores do que com o outro. Para os filhos, entretanto, muitas vezes isso é visto de forma a gerar sofrimento e angústia.

Esse comportamento, quando mal elaborado pelos pais, pode gerar, além de atritos, dificuldades e inseguranças futuras.

É preciso trabalhar o crescimento dos filhos, privilegiando e respeitando as diferenças de cada um. O amor há de ser o fiel da balança, mantendo, na medida do possível, as relações equilibradas.

Os pais, por natureza, quando assim se faz necessário, têm o poder de criar tentáculos suficientes para abraçar, afagar e apoiar a todos. É importante que fique claro mais do que com palavras, com atitudes, que os irmãos chegam para somar e compartilhar, ao invés de dividir. Um ambiente amoroso e sem disputas entre os pais já é meio caminho andado. Inspira segurança e confiança. Mesmo tendo de dividir atenções, estarão sempre multiplicando afetos àqueles que vivem a plenitude do amor.

N

Namoro

O primeiro namorado ninguém esquece – nem pais, nem filhos – principalmente se o filho em questão for, na verdade, uma filha. Se for única então...

Ciúme, medo da perda, posse e desejo de controle surgem em um mesmo turbilhão na cabeça dos pais tão logo pressentem que aquela garotinha não é mais tão garotinha assim. Que atire a primeira pedra quem nunca sofreu de um desses males! Mal, entretanto, não é a palavra certa. Nada disso será prejudicial, se soubermos lidar com cada um desses sentimentos, sem deixar que nos sufoquem ou sufoquem os filhos. Obviamente todos sabem que seus filhos não lhes pertencem. Pais são apenas guardiões dessas criaturas até que estejam prontas a alçar seus próprios voos. Assim sendo, ninguém, nem mesmo os pais, tem o direito de, por exemplo, decidir quem julga ser o melhor partido para os filhos ou a hora certa de começar a namorar. Cabe aos pais, sim, instruir, conversar, advertir e, sobretudo, abrir-se a ouvir as dúvidas, os questionamentos e as descobertas dos filhos. Felizmente, foi-se há muito o tempo em que os casamentos eram arranjados pela família. Todos precisam experimentar, errar e acertar com suas próprias pernas para que essas se fortaleçam e sejam capazes de conduzi-los com segurança. Sem dúvida, é doloroso vermos uma pessoa amada e, até que se prove o contrário, tão frágil, imatura e despreparada para a vida, correndo o risco de se machucar. Isso, entretanto, faz parte do crescimento e não tem como ser evitado. Precisamos estar dispostos a vencer esses desafios, para que possamos encontrar uma maneira mais feliz de viver.

Nota 10

Teresinha estudou, estudou, estudou e chegou em casa feliz da vida com o resultado de tanto esforço. Tirou 9,3 na prova.
–9,3? Por que não 10? O que aconteceu? Aposto que ficou pensando na morte da bezerra na hora de resolver as equações.
No mês seguinte, de novo a mesma história. A menina se dedicou a estudar com todo o afinco e, finalmente, veio o resultado: 10!
–Ah! Bom! Ainda bem! Também, não fez mais que sua obrigação, afinal de contas, você tem tudo na mão, a tempo e a hora, sendo sua única obrigação estudar. Por isso não consigo aceitar notas baixas.
Incentivar os estudos, acompanhar os deveres de casa e tirar dúvidas quando necessário são tarefas naturais de quem zela pelo bom desenvolvimento escolar dos filhos. Uma cobrança desmedida por notas altas, entretanto, somente estimula o estresse em toda a família, podendo, inclusive, ao contrário do que possam imaginar, gerar um grande desestímulo e desinteresse pelos estudos.
Como educadora por muitos anos, posso afirmar que notas e provas não testam nem atestam a capacidade de ninguém, tanto assim que o sistema educacional moderno avalia o aluno por seu aproveitamento de uma forma global, valorizando a participação em sala e os trabalhos de casa, dentre outros.
As provas são, sem dúvida, uma forma de sistematização do aprendizado, objetivando checar resultados de determinado grupo de assuntos.

A convivência em sala de aula, entretanto, mostra que excelentes alunos diante do estresse e da obrigação de bons resultados, sob pressão, acabam falhando, enquanto outros, nem tão atentos, esforçados ou inteligentes, acabam por uma razão ou outra obtendo melhores notas – não exatamente melhores resultados, note-se bem.

É certo que precisamos, no decorrer da vida, aprender a lidar com o estresse e as cobranças em relação a resultados, mas nada de exageros. Existe um tempo certo para cada coisa. Tentar impor essa dura regra de sobrevivência a nossos pequenos é, no mínimo, injusto.

Aos poucos, com o amadurecimento, eles irão adquirindo anticorpos e armaduras que os ajudarão nessa empreitada. Enquanto crianças e adolescentes, que vivam a plenitude do aprendizado sem torturas – os resultados certamente surpreenderão.

O

Onda gigante

Mais do que nunca, em tempos de tsunami, é preciso tomar cuidado para não fazermos tempestade em copo d'água. (Tsunami foi o maremoto ocorrido em 26 de dezembro de 2004, no Oceano Índico, que formou ondas gigantes no sudoeste da Ásia e na África, causando a morte de mais de 220 mil pessoas.) Assustador mesmo foi o que aconteceu pelas bandas de lá, com mães tendo de optar por largar um dos filhos em meio à avalanche, para que o outro tivesse alguma oportunidade de sobreviver. Terrível, realmente, foi ver crianças órfãs sendo sequestradas em troca de bens materiais. Cruel, na verdade, foi partilhar da insegurança que sentia uma criança estrangeira, lá pelos seus 7 anos, vagando pelas ruas com um pequeno cartaz em busca dos pais desaparecidos. É importante, portanto, pensarmos duas vezes antes de nos maldizermos por tão pouco. O filho ficou em recuperação na escola? Ainda bem que, como o nome sugere, pode recuperar o que perdeu. A filha prefere jogar futebol a calçar sapatilhas de ponta? Deveríamos celebrar o fato de que ela tem as duas pernas e pode escolher a melhor maneira de caminhar.

Quando nos pomos a procurar, podemos tanto encontrar motivos que facilitem nossas empreitadas na vida, quanto os que nos bloqueiam os caminhos. Tudo é uma questão de como lidar com a situação. Se nos fixamos no lado obscuro das coisas, no lado mais difícil, é justamente ele que vai se sobressair. Se, ao contrário, estivermos abertos à luz, se olhamos o lado mais claro das coisas, muito mais facilmente acharemos a solução para nossos problemas. "É melhor acender uma vela que amaldiçoar a escuridão."

P

Pais x Jogos eletrônicos

Alguns pais, por mais incrível que isso possa parecer, tentam substituir suas presenças e amainar suas consciências cobrindo os filhos de presentes, dentre eles jogos eletrônicos de última geração – os mais cobiçados e apreciados. Com o avanço da tecnologia e a busca por enredos próximos ao dia a dia das grandes cidades, esses jogos, com armas cada vez mais realistas, sangue, assassinatos, roubos e outras tantas situações questionáveis, podem, em alguns casos, gerar comportamentos distorcidos em crianças que ainda não tenham total discernimento para enfrentar determinadas situações.

Quanto mais são expostas a esse tipo de jogos mais desejam imergir nas tramas criadas com rasgos de realidade contundente.

Especialistas no assunto admitem que os jogos não são responsáveis por um agir violento por si só, mas os que já têm alguma predisposição a esse tipo de comportamento provavelmente serão despertados, já que esses jogos podem dar asas a desejos que acabam por manifestar-se no mundo real. Um conviver harmonioso é, com certeza, um bom antídoto à violência, seja ele multimídia ou real, aconselham.

Pais x Professores?

Por que, ao invés de nos frustrarmos, de nos sentirmos impotentes ou negarmos as possíveis deficiências de aprendizado de nossos filhos, acusando os professores ou o método de ensino de determinada instituição, não buscamos somar forças e experiências com os profissionais que têm objetivos próximos aos nossos? Professores não são inimigos, e, sim, aliados, já que educar é uma missão conjunta.

É certo que a vida moderna nos leva a correr de um lado para o outro o dia inteiro, mas, se conseguimos tempo para tantas coisas, bem podemos conseguir um tempinho para participar mais ativamente da vida escolar de nossos filhos. Quantas vezes durante minha atuação como professora não me deparei com babás ou secretárias de um dos pais fazendo as vezes dos familiares nas reuniões escolares? Por mais que sejam consideradas pessoas próximas, na maioria das vezes não conseguem responder a nossos questionamentos e, tampouco, expor dúvidas que poderiam ser esclarecedoras na busca de soluções para um melhor aprendizado.

Cabe aos pais, portanto, marcar presença, mantendo uma comunicação contínua com a escola dos filhos, participando, questionando e sugerindo.

Quanto à parceria pai-professor, valem algumas dicas:

–Prover um lugar sossegado para as tarefas de casa e para o estudo, longe da TV e do som, assim como estabelecer horários, a fim de que a criança ou o adolescente saibam que terão um tempo para o estudo, mas, igualmente, um tempo para o lazer. Dessa forma, é estabelecido um hábito salutar.

–Tirar as dúvidas de um ou outro exercício é válido, mas se sentar ao lado do filho fazendo o dever integralmente com ou por ele serve apenas para criar dependência, inibindo sua capacidade de exercitar sua autossuficiência.

—Muito mais do que arrumar a mochila para seu filho, vale ajudá-lo, tão logo seja possível, a manter uma agenda semanal com tarefas, aulas e material necessário para cada atividade. Dessa forma, ele estará criando responsabilidade e conquistando autonomia.

—Valorizar cada conquista propicia que outros degraus sejam galgados.

—Cinemas, teatros, livrarias e viagens são aliados muito maiores do que podemos imaginar nessa batalha rumo ao crescimento e ao conhecimento. Ampliando o leque de opções e a margem de visão de nossos filhos por meio da vivência diária e prazerosa das artes e das diferentes culturas, estamos fomentando o aprendizado e a educação em sua essência e fortalecendo a ideia de que a escola e a vida se fundem e se confundem em plena consonância.

Perdas irreparáveis

Por certo, não há dor maior, mais sentida ou profunda do que a perda de um filho. Foge a qualquer lógica e escapa-nos à compreensão. Não há como remediar, como esquecer.

A fé ajuda a sublimar, mas o lugar de um filho jamais será preenchido.

Chorar a perda é salutar e completamente compreensível. A cicatriz jamais será apagada. Alimentar o sofrimento e a dor, entretanto, abrindo mão de sua vida, é aumentar o sofrer e fazer sofrer também os outros que nos amam. Se existem filhos, netos, eles, assim como o pai igualmente dilacerado, merecem toda a nossa atenção. As lembranças e as recordações serão sempre respeitadas, mas a retomada da vida vai acontecendo aos poucos, invariavelmente, e a dor vai dando lugar a uma saudade suportável.

O maior conforto vem do amor que jamais será apagado, bem como da necessidade de continuar.

Forças maiores e supremas acabam sempre por guiar os passos de quem precisa, ainda que delas duvidem. A vida é um dom precioso, mesmo quando nos fere com sua mais afiada adaga, e ninguém parte dela sem que sua história tenha sido totalmente escrita.

O mestre hindu Paramahansa Yogananda nos ensina que "as relatividades da vida e da morte pertencem ao sonho cósmico" e mais adiante acrescenta que "exatamente como as imagens cinematográficas parecem reais, mas são apenas combinação de luz e sombra, assim também a variedade universal... A tragédia da morte é irreal; os que tremem diante dela são como o ator ignorante que morre de pavor no palco, quando disparamos contra ele um cartucho de pólvora seca". O mestre finaliza dizendo que "os valores de um indivíduo se modificam profundamente quando ele, por fim, se convence de que a criação é apenas um vasto filme e que sua própria realidade não está no filme e, sim, além dele".

Picadeiro

Confusos diante de milhões de teorias, os pais, por vezes, têm de fazer malabarismos para se manter na corda bamba. Por mais que determinados conceitos soem como absolutos, nada melhor do que o bom senso na hora de decidir. Equilibrar-se entre o que deve ou não ser feito é como se lançar na rede, às escuras. Somente os laços inquebrantáveis que unem pais e filhos podem livrar a todos da queda.

Para que os filhos possam futuramente defender-se nas bravatas que deverão ser travadas no picadeiro do mundo, o mais importante é que estejam munidos de uma rica bagagem de afetos – herança a ser cuidada com zelo. Bom humor, tolerância, paciência e clareza em suas ações são alguns dos itens que não podem faltar, valendo lembrar que amar é tanto impor quanto aceitar limites e que as regras valem para os dois lados da lona.

Jaulas não são adequadas, nem mesmo a pobres animais adestrados. Casas, por sua vez, não são jaulas; devem ser um lugar sagrado onde reinem a paz e a harmonia.

Pais são mestres de cerimônia, não domadores de feras; são mágicos a tirar soluções brilhantes de suas cartolas no momento exato. Certamente são guiados pelo bem. São palhaços, trapezistas e equilibristas que conduzem suas vidas em busca de conquistar o coração de seus pequenos. Da maneira com que o amor entre esses personagens acontece, resulta o sucesso das temporadas vindouras.

Por que tanto silêncio?

Em um momento de tantas descobertas, muitos adolescentes mergulham em seu próprio mundo em busca de refletir sobre quem são, o que gostam e o que almejam a partir de agora. É um processo normal de autoconhecimento, vivenciado por meio do isolamento – uma fase em que desviam o foco de fora para dentro, para eles próprios. Precisam ouvir seus anseios de forma mais clara e sem interferências.

Respeitar a condição natural de mais essa etapa é o princípio para que eles encontrem seu equilíbrio interior e, futuramente, equilíbrio nas relações interpessoais. Cabe aqui meditarmos sobre as palavras de Jean Piaget: "As crianças têm estruturas mentais diferentes dos adultos. Não são adultos em miniatura. Elas têm seus próprios caminhos distintos para determinar a realidade e ver o mundo".

O silêncio e a reclusão do jovem por um período devem ser encarados como um momento de ajustes internos, como um mergulho em seu próprio mundo na busca de se tornar alguém diferente de quem vinha sendo até então – um ser único.

É preciso que os pais saibam esperar, mostrando, entretanto, que estão sempre presentes.

A adolescência, seja com seus silêncios ou com suas contestações, não deve ser encarada como um período de crise, mas, sim, de evolução – uma transição inerente ao crescimento.

Vencer os obstáculos dessa fase depende não apenas do jovem, mas, igualmente, de seu passado e do meio em que vive. Por isso, a presença e o comprometimento dos pais são fatores essenciais para essa caminhada.

Prática esportiva

Uma recente pesquisa aponta o fato de que muito menos crianças e adolescentes do que se imagina se interessam por esportes.

Com a crescente onda do culto ao corpo, com academias e *personal trainers* pipocando por todos os lados, os jovens têm ficado cada vez mais distantes das quadras esportivas. O que buscam é nada mais nada menos do que a semelhança física com os modelos estampados em capas de revista. Na ânsia de conseguirem o corpo perfeito, eles não hesitam em fazer uso de métodos absolutamente condenáveis, como o uso de anabolizantes ou o excesso de exercícios, incompatíveis, muitas vezes, com a idade e o perfil de cada um.

Um resultado tão bom quanto o conseguido nas academias, e muito mais saudável, seria a opção pela prática esportiva.

Além de servir como um exercício aeróbico dos mais eficientes, os esportes incentivam a socialização e a competição saudável.

Ao contrário do que deveria acontecer, as escolas, infelizmente, em sua maioria, não valorizam nem estimulam a prática da educação física. Muitas vezes os professores simplesmente entregam uma bola aos alunos que, por sua vez, procuram fugir como podem daquela chatice.

O incentivo dos pais aos esportes, bem como às artes, seria uma forma de despertar em seus filhos não apenas o gosto por um viver mais saudável, descarregando agressividades e tensões, como, consequentemente, os estaria afastando das drogas de uma forma geral.

Impor, entretanto, que o fulaninho jogue basquete, se ele prefere o caratê; ou que a sicraninha jogue tênis, se ela prefere a dança, não são atitudes salutares. Incentivar é uma coisa, forçar é outra. O incentivo pode vir em assistir junto com a família a uma partida esportiva ao vivo e em cores, com toda a emoção de uma quadra ou estádio, em apresentar-lhes diferentes modalidades esportivas, estar presente sempre que forem participar de algum tipo de campeonato ou, até mesmo, discutir com a direção do colégio um melhor desempenho da educação física e o fomento de competições de uma forma mais sistemática.

Valorizar o esporte e a arte é uma obrigação de todos os que buscam viver em um país melhor.

Prevenir para não remediar

É cada vez mais frequente a gravidez prematura, sabendo-se de casos extremos em que meninas engravidaram com apenas 9 anos.

Especialistas no assunto explicam que a exposição cada vez mais intensa à sexualidade exacerbada, através dos meios de comunicação, acelera a formação dos hormônios sexuais, especialmente nas meninas. Entre 9 e 10 anos, quando expostas a esses estímulos de forma continuada, elas acabam por ter seus hormônios prontos a trabalhar, enquanto, psicologicamente, continuam sendo nada mais do que crianças. Esse conflito travado entre corpo e mente pode gerar importantes disfunções comportamentais.

Qual seria a melhor solução para esse impasse? Reprimir os meios de comunicação certamente que não seria a saída. Selecionar, entretanto, o que de melhor as televisões e as leituras podem oferecer aos filhos é uma sábia opção. Longe de falsos moralismos, essa atitude objetiva preservar a infância, proporcionando que as funções psicológicas e físicas se desenvolvam em sintonia. Com certeza, vale apostar no velho ditado: é melhor prevenir do que remediar, deixando que a natureza cumpra seu curso, respeitando o tempo de semear e o tempo de colher; o tempo de brincar e o tempo de crescer.

Primeira paixão

Avassaladora, cheia de idealismos e promessas, de sonhos e tentações, a primeira paixão é sempre inesquecível.

Em sua urgência pode ser trágica e tempestuosa, mesmo que passageira.

Mistura inocência, incoerência e idealização. Imagina-se que seja única e insubstituível.

Às vezes, irresponsável, em outras, amargurada, a paixão adolescente nunca é muito clara por conta da imaturidade emocional.

Sujeita a decepções na mesma intensidade, pode levar o adolescente a imaginar que não sobreviverá, que jamais esquecerá ou se apaixonará novamente. Na ânsia de ser correspondido, teme a rejeição e, às vezes, acaba por não assumir uma relação mais estável. Prefere "ficar" para não se machucar.

Antes de mais nada, cabe aos pais respeitar toda essa turbulência. Tentar minimizar a primeira paixão é colocar-se do outro lado de um ringue, como se fosse um verdadeiro inimigo. É importante que lhes seja permitido viver a intensidade e a pureza desse sentimento sem que, todavia, se deixem sucumbir diante da primeira desilusão.

É preciso sentirem-se apoiados, não cobrados e muito menos ridicularizados nesse primeiro contato com o imprevisível mundo das paixões.

Não é por já termos vivenciado tal situação que tenhamos o direito de interferir, influenciar ou subestimar essa avalanche de sentimentos que, de uma só vez, liberta e aprisiona, pune e redime, mas, sobretudo, faz crescer.

Q

Que tribo é essa?

Um belo dia, aquela menina com rosto de boneca chega em casa irreconhecível: sobrancelhas, lábio, língua e umbigo perfurados por estranhos objetos. Os cabelos ficaram azuis e as unhas negras. Na semana seguinte, o filho aparece coberto de tatuagens e de cabelo vermelho. As cantigas de roda que ouviam até pouco tempo foram, sem que ninguém se desse muita conta, substituídas por grunhidos – um tal de *hard core*.

Bem em frente de casa, Jorge, filho de Cecília, é um "natureba" radical: não come carne, nem ovos, nem toma leite. Chega a ser meio esverdeado o rapaz. Não toma sol, não penteia os cabelos e anda meio esfarrapado. Ana, sua irmã, é uma "patricinha" em roupas de grife e sapatos de marca. O *shopping center* é sua praia. Por que tantas diferenças? Como lidar com elas?

Cada pessoa, apesar de ser única, é também um ser gregário. Na adolescência, geralmente rejeitam o modelo dos pais que vinham seguindo até então, em busca de sua "própria" identidade.

Cada tribo tem rituais e indumentária próprios, diferenciando-se uma das outras por meio da delimitação de território, das crenças e dos gostos. Geralmente, são escolhas temporárias que merecem ser respeitadas, desde que não firam as regras básicas da boa convivência, seja em família ou na sociedade. Transgredir faz parte do crescimento. Podar essa forma de manifestação é como cortar as asas daqueles que começam a voar. Libertar com amor é induzir ao voo com ternura, respeito, carinho e responsabilidade. Tão logo consigam sobrevoar os variados territórios, serão capazes de escolher mais claramente qual será, dali por diante, sua verdadeira tribo e, no final, tudo acabará bem. Como diz o ditado mineiro: "No final tudo dá certo. Se ainda não deu certo é porque não chegou ao final".

Quem casa quer casa

Joana e Paulo sempre se deram bem, tanto com os pais de um, quanto com os pais do outro. Os almoços em família sempre foram regados a alegria. Confraternização podia ser a palavra-chave dos encontros entre as duas famílias que, na verdade, pareciam apenas uma. Dona Júlia, mãe de Joana, não se cansava de dizer que Paulo era um verdadeiro filho para ela. Agregara-se à família de uma forma tão intensa que, por vezes, dona Júlia e seu Roberto faziam-lhe confidências antes mesmo do que à própria filha. Os pais de Paulo, por sua vez, também se encantavam com a futura nora – uma menina meiga, gentil e sempre pronta a colaborar com as tarefas domésticas na casa de praia, onde as duas famílias se reuniam para as festas de final de ano. Em uma dessas ocasiões, Paulo decidiu surpreender a todos, formalizando o pedido de casamento a Joana. Foi o melhor início de ano daquelas famílias. Os meses seguintes foram dedicados aos preparativos da festa que aconteceria no mês de setembro. A casa onde iriam morar vinha sendo construída aos poucos. Com as despesas do casamento, entretanto, as obras teriam de se alongar. A previsão era de que tudo estivesse pronto em janeiro seguinte. De setembro a janeiro, portanto, o casal ficaria na casa dos pais de Joana. Todos concordaram no maior entusiasmo.

Tudo aconteceu exatamente da maneira como o casal sonhara – a festa, a lua de mel... Os primeiros dias na casa de dona Júlia e seu Roberto foram de muita alegria. Alguns presentes ainda estavam por ser abertos, as fotos da viagem de lua de mel por serem reveladas e até o bolo da festa só foi realmente apreciado por Joana e Paulo 15 dias depois do casamento – a mãe havia cuidadosamente congelado uma generosa fatia para os dois. Tudo era festa, até que surgiram os primeiros pequenos desentendimentos. Por mais que todos se gostassem muito, começaram a surgir divergências e intolerâncias entre os pais de Joana e o novo casal. O clima da casa já não era o mesmo. O casal começava a restringir seu espaço por sentir que ou incomodavam ou eram incomodados. Não conseguiam desfrutar da tal intimidade com que sempre sonharam. Dona Júlia parecia esquecer que Joana agora era uma mulher casada. Não só continuava tratando a filha como uma garotinha, sem lhe dar espaço para seus pequenos-grandes voos, como não se eximia em bater à porta do quarto de Joana em momentos impróprios.

– Mãe! Você tinha de vir a nosso quarto justo agora? Não vê que está sendo inconveniente?

– Mas inconveniente por que, minha filha? São três horas da tarde! Não acredito que estivessem fazendo algo que eu pudesse atrapalhar a essa hora da tarde com crianças em casa...

Essa parece ter sido a gota d'água para que Joana e Paulo definitivamente compreendessem que, por mais que todos formassem uma grande família, cada um precisava de seu canto para que as coisas continuassem se desenrolando. Não importava o tamanho do "canto", desde que eles pudessem ter liberdade.

As obras da casa levaram bem mais tempo do que imaginavam e o casal teve de ficar no quarto e sala que alugaram por quase um ano, mas, como quem casa quer casa, nem mesmo a goteira do banheiro ou os ladrilhos meio soltos da cozinha os perturbavam.

R

Receita de bolo

Quem dera existissem regras fixas, receitas aprovadas ou fórmulas mágicas que nos ensinassem a lidar com o outro! Como é difícil encontrar o caminho certo para educar um filho! Quantos erros não são cometidos em prol do bem fazer? Quantas vezes não dissemos ou ouvimos dizer que "se errei foi buscando acertar"? E quem ousaria discordar? É a mais pura realidade. Feliz ou infelizmente – ainda não consegui descobrir – nascemos ignorantes de quase tudo. Somente aos poucos, e muitas vezes por meio de nossos erros, é que conseguimos ir aprendendo. Tropeçar, cair e levantar não fazem parte apenas da vida dos bebês. Nós estamos permanentemente engatinhando diante dos mais diferentes assuntos e, em especial, quando se trata de educar os filhos. Se ter 2, 3 ou 4 filhos fosse segurança de que a partir do segundo seria mais fácil acertar... Mas não é assim que acontece. É verdade que aquela febrezinha que nos desespera na primeira vez que surge já não causa tanto pânico três filhos depois. Afinal, o remédio já é conhecido. Concordamos que o primeiro banho é quase um novo parto para as mães de primeira viagem, mas, depois de praticar com os irmãos mais novos, fica tudo mais fácil. Aprender a lidar com sentimentos, porém, é bastante diferente. Cada um age e reage de maneira própria, desarrumando qualquer tentativa de tecer paralelos e buscar soluções em experiências passadas com os outros filhos. Decididamente não há regras que nos ajudem. Discernimento, maturidade, compreensão, amor e carinho são realmente os melhores ingredientes para evitar que o bolo sole, mas a medida certa para cada um deles só a convivência e o tempo podem mostrar.

Rótulos e comparações

– Fulaninha é um verdadeiro anjo! Você devia seguir seus passos e ser mais meiga e carinhosa com seus pais e avós!

– Sicraninho é um verdadeiro "capeta"! Deus me livre de meu filho ficar assim! Vou tratar de cortar essa amizade pela raiz.

"Se de médico e de louco todos temos um pouco", podemos perfeitamente dizer que de "anjos" e "capetas" também. Muitas vezes, os que julgamos anjinhos, aqueles que na frente das visitas ou na casa dos amiguinhos são um primor de comportamento, perante os pais são bem diferentes – manhosos e pirracentos, desobedecem e aprontam mais do que qualquer outro. Os "capetinhas", por sua vez, apesar de levados e agitados, muitas vezes são também mais divertidos e sinceros em qualquer situação. Rótulos, portanto, sejam eles quais forem, são tentativas de aprisionar determinados comportamentos sem levar em conta o fato de que somos um pouco de tudo. O que difere, muitas das vezes, é a maneira como nos veem e o que, na realidade, esperam de nós. Fazer planos e criar expectativas em relação ao comportamento dos filhos, tentando moldá-los como fantoches, é plantar frustrações para ambos – pais e filhos. Compreender as diferenças, valorizando-as, é bem mais sábio. Se fulaninho age assim e seu filho age assado – apesar de, aparentemente, o outro lhe parecer mais dócil e fácil de lidar, é um ótimo sinal. Significa que seu filho tem personalidade e vontade próprias, o que certamente lhe será muito benéfico no futuro. Se, ao invés de incentivá-lo a agir com sua própria cabeça, seguindo seus sentimentos, você o incentivar a copiar atitudes e comportamentos que lhe parecem mais adequados, você estará tolhendo seu verdadeiro crescimento como pessoa. Educar não é podar o desenvolvimento de suas próprias personalidades. Se eles admiram alguém e buscam mirar-se em seus exemplos é outra história. O que não vale é insistir em mostrar como o outro é mais inteligente, mais arrumadinho, mais magro ou mais forte. Cada um de nós é único em nossas características e atitudes, e justamente por isso, tão especial.

S

Separação

Por mais que seja doída uma separação, especialmente para os filhos, muitas vezes ela é inevitável. É de fundamental importância que fique claro para os filhos que a separação só existirá entre marido e mulher, mas jamais entre pais e filhos. Tão importante quanto deixar isso claro é estar sempre presente, vivenciando e acompanhando o crescimento deles.

Sendo a célula principal de uma sociedade, a família é a raiz de toda a formação de um indivíduo, influindo de forma definitiva em seu psiquismo, identidade e crescimento emocional. Portanto, apesar da subversão da ordem natural das coisas, em uma separação, as crianças precisam testemunhar o amor de seus pais para com elas, aprendendo, dessa forma, a amar.

Alguns pais, por absoluta falta de maturidade, medo ou rancor, tentam usar os filhos na separação, jogando-os contra o parceiro ou até mesmo tentando usá-los como espiões da nova vida do outro, deixando-os, dessa forma, vulneráveis, divididos, culpados e manipulados. Por outro lado, tentar manter a cordialidade, o respeito e a harmonia após a separação é uma maneira de fazer com que os filhos se sintam mais seguros e valorizados.

Há de se estar atento, entretanto, para não buscar suprir a ausência com permissividade. Impor limites continua sendo importante.

Trabalhando bem todos esses sentimentos, a vida em família, especialmente a vida dos filhos, pode até ser enriquecida após a separação.

Sexualidade

A Organização Mundial da Saúde define sexualidade como uma energia que encontra sua expressão física, psicológica e social no desejo de contato, ternura e, às vezes, amor.

Com a adolescência, o desabrochar da sexualidade chega acompanhado de mudanças físicas e psicológicas. Nos meninos, elas se apresentam por meio da voz, do aumento da massa muscular e dos órgãos genitais, da acne, dos pelos e da poluição noturna, marcando bem essa fase. Nas meninas, além das mudanças aparentes no corpo, elas passam a menstruar. Nesse momento, os hormônios estão trabalhando a todo o vapor, acentuando o aumento do desejo sexual e das sensações eróticas. Essas mudanças despertam tanto a curiosidade e a ansiedade quanto as dúvidas e o medo.

Orientação e informação são essenciais. Dependendo de como os pais lidem com essas mudanças e as expectativas delas decorrentes, resultará o desenvolvimento sexual do adolescente e do adulto, seja com tranquilidade e naturalidade, seja com vergonha e dúvidas.

Nessa fase da vida, a masturbação passa a ser uma constante e, mais uma vez, dependerá dos pais deixar claro que se trata de uma atividade natural e de autoconhecimento, desde que respeitados lugares e momentos oportunos e privados, por meio da qual o prazer e a curiosidade levam ao aprendizado a respeito do próprio corpo.

AIDS, gravidez e doenças sexualmente transmissíveis devem estar na pauta das conversas diárias. Explicar, advertir e alertar ajudam a transpor essa fase com mais leveza, o que certamente se refletirá em um viver adulto mais pleno e seguro.

T

Timidez

Aninha, quando estava sozinha com os pais, era uma menina alegre, tranquila e desenvolta. Bastava chegar uma visita para que ela virasse um "bichinho do mato". Não cumprimentava, não conversava e, pior, enroscava-se na perna da mãe toda vez que tentavam fazer-lhe algum afago. No colégio, tinha pouquíssimas amigas. Apesar de, entre elas, ser animada, divertida e tagarela, perante o resto da turma era considerada uma metida. Quando chamada à frente da sala pela professora para alguma explanação, ficava roxa e, se alguém comentasse o fato, suava em bicas. Um belo dia, Aninha se apaixonou. Por mais que as amigas insistissem e tivessem certeza de que Roberto também estava interessado nela, Aninha não conseguia aproximar-se do rapaz.

Descrita como disposição temperamental em evitar situações novas e incertas, a timidez exagerada dificulta o desenvolvimento intelectual e social da criança. Considerada por alguns uma questão genética – uma herança familiar –, a timidez pode ser acentuada ou diminuída devido à condição social, ao ambiente e à educação a que a criança é exposta.

O medo de errar, de não agradar e de ser rejeitado, resultantes de uma autoestima baixa, são fatores marcantes em um quadro de timidez acentuada. De acordo com o Departamento de Psicologia da Universidade de Harvard (USA), quando mediante situações limites, até a frequência cardíaca e a tensão das cordas vocais de um tímido se modificam.

Quando não é dada a devida atenção, ou pior, quando se torna motivo de crítica ou chacota até por parte dos pais, a timidez pode transformar crianças tímidas em adolescentes ansiosos, ou até com fobias sociais. Determinação, apoio e terapia cognitivo-comportamental podem ser de grande ajuda.

U

Último trem

Pais e professores, muitas vezes, desempenham funções bastante semelhantes. É preciso que ambos estejam em dia com o mundo para não perderem o trem da vida. Sair do trilho, vez por outra, é perdoável, mas viver descarrilado já é outra história. Precisamos estar antenados com as últimas gírias e os modismos, com o que usam e o que deixam de usar as diferentes "tribos", para que não se "pague nenhum grande mico perante a galerinha". Não significa fazermos uso do que usam os mais jovens, mas, sim, buscarmos entender com clareza o que dizem os filhos, seja no sentido figurado ou no literal. Assim como muitas vezes o que falam os jovens pode soar como um dialeto para os que não estão ligados às mudanças e evoluções, inclusive de nossa língua, da mesma forma seus anseios podem soar incompreensíveis à primeira vista. Em um segundo enfoque, entretanto, conseguimos compreender que "dar um toco" não é nada mais do que "dar um fora" em alguém. Essa forma de se expressar também pode ter causado estranheza aos pais de nossos pais tão logo tenha surgido. Por isso, muita calma ao tentar dizer não logo de cara. Dê tempo ao tempo. Reflita um pouco. Tente compreender melhor. Talvez a situação não seja tão "punk" quanto você imagina.

V

Vide bula

Informações aos pais: os filhos apresentam uma composição energizante, promovendo momentos de puro regozijo, e analgesia, indicada no caso de dores do coração e como estimulante. Têm como principais indicações fomentar a troca contínua de amor. Filhos, quando conservados com carinho, em temperatura estável e ao abrigo do sol, depois das 9h e antes das 15h, apresentam validade garantida, a contar da data de sua fecundação.

A interrupção da relação pode causar efeitos muito indesejados, havendo total contenção da alegria.

Informe imediatamente a seu filho o aparecimento de reações adversas na relação, como rancores ou mal-entendidos.

– Filhos pequenos nunca devem ser mantidos fora do alcance dos pais.

– Não devem misturar-se com bebidas alcoólicas ou barbitúricos.

– Filhos estão contraindicados em caso de pais com hiperirritabilidade, falta de amor e de paciência.

– A chegada à casa de pessoas idosas, geralmente mais sensíveis, deve ser cuidadosamente acompanhada.

– Não tome decisões precipitadas das quais você venha a se arrepender; poderá ser prejudicial a você e à família.

Informações técnicas
Os filhos estão emocionalmente relacionados à felicidade. O modo de ação dos filhos se relaciona de forma direta à maneira como são educados. A alegria e a preocupação são consequências naturais da relação. O carinho dos pais produz nos filhos um estado de alerta mental e tende a corrigir o mau humor. É um adjuvante analgésico, sendo sempre muito bem absorvido. A atenção dos pais é um inibidor da baixa autoestima dos filhos.

Indicações
Filhos são indicados para quem busca o indizível, uma cumplicidade eterna e a vivência de um amor acima do bem e do mal.

Contraindicação
Filhos são contraindicados quando não há amor para recebê-los e discernimento para criá-los.

Reações adversas
Pode ocorrer sufocamento de ambas as partes, caso pais e filhos não consigam estabelecer limites em seu relacionamento.

Posologia
Como regra geral, a dose mínima diária é de um abraço a cada 12 horas pelo menos. Aconselha-se, entretanto, individualizar a posologia, adaptando-a à necessidade de cada um.

X

Xixi na cama

Nada há com que se alarmar se uma criança, ainda aos dez anos, faz xixi na cama. A tendência é que essa condição seja em breve resolvida espontaneamente. Os especialistas no assunto atestam que, muitas vezes, o problema está simplesmente no tamanho da bexiga – é pequena demais para conter toda a urina produzida à noite. Nesse caso, evitar líquidos depois de certa hora é um "santo" remédio.

Se o caso for, entretanto, uma falta de controle urinário diurno, ou se a questão noturna se prolongar, procurar um médico é a melhor saída. Existem variadas técnicas que ajudam a sanar o problema, como o uso de alarmes, que são disparados tão logo entrem em contato com a primeira gota de urina, remédios, treinamento específico para controlar a micção e acompanhamento psicológico.

O que jamais pode acontecer, entretanto, é culpar a criança. Ela, certamente, não faz xixi na cama porque quer. Passar por humilhações, ser alvo de piadas, de cobrança, ou viver a ameaça de ter o problema espalhado entre os amigos, só fará aumentar seu mal-estar. Dependendo da estrutura emocional da criança e da maneira como os pais tratem a questão, ela poderá tanto superar a situação sem traumas quanto desenvolver problemas relativos a sua autoestima, gerando inseguranças, timidez e até depressão.

É, portanto, fundamental, caso a questão não se resolva por si, ou mesmo mediante acompanhamento médico e/ou psicoterapêutico, que os pais busquem compreender o que a criança vem tentando sinalizar. Mesmo sem fazer por querer, inconscientemente, ela pode estar precisando desse artifício para lhes chamar a atenção. Acompanhando cuidadosamente as reações da criança em seu dia a dia e usando um bocado de bom senso e intuição, por vezes a cama pode voltar a ficar sequinha sem muita dificuldade.

Zás-trás

Se, por um lado, as noites insones, trocando fraldas e esquentando mamadeiras parecem que nunca irão acabar e as dificuldades da adolescência jamais terão fim, por outro, tudo passa muito rápido e, sem nos darmos conta, os pequenos já são adultos. Que saudade do cheirinho de talco, de dar comidinha na boca, da casa cheia de gente. Até da bagunça às vezes dá saudades. Por isso, vale investir com todo o amor e dedicação nessa árdua tarefa que é educar. Nesses dias de hoje, em que os professores ganham um parco salário e a profissão, muitas vezes, é totalmente desrespeitada, sua única e grande recompensa é a certeza do dever cumprido. É saber-se, de alguma forma, responsável por uma boa parcela na formação de mais um cidadão, independente das noites que virou corrigindo deveres, preparando aulas ou preenchendo boletins. O reconhecimento é visível nos pequenos gestos e nas brincadeiras, no carinho trocado, na amizade compartilhada, muitas vezes para o resto da vida. A maior vitória de um professor é a vitória de seu aluno, sendo alfabetizado, fazendo um belo curso, ingressando na faculdade e seguindo seu caminho. Acontece com os pais algo bastante semelhante. Por mais que tenham ganho alguns cabelos brancos, ou muitos; por mais que tenham sofrido junto, lutado junto, chorado junto ou escondido, errado e acertado, desde que tenham feito seu melhor, sentir-se-ão plenos ao verem seus filhos felizes.

É sábio, portanto, curtir os filhos com toda a intensidade possível, tomando cuidado, entretanto, para que lhes sobre espaço. Amar é nos entregar sem nos perder; é preservar o que de melhor temos, para que essa relação amorosa continue florescendo. É respeitar-nos, respeitando o outro. É viver com plenitude todos os sentimentos que nos assolam, sabendo-nos capazes de nos manter inteiros. O mundo só consegue mudar quando nós nos dispomos a mudar o mundo. Estejamos abertos, portanto, a todas as mudanças e ao crescimento que delas advém.

Esta obra foi composta em CTcP
Capa: Supremo 250g – Miolo: Pólen Soft 80g
Impressão e acabamento
Gráfica e Editora Santuário